MARCO POLO

# GARDAMEER

6 **INSIDERTIPS**
Van alle insidertips vind je hier de 15 beste

8 **BEST OF ...**
- Het Gardameer trakteert
- Typisch Gardameer
- Ook al regent het
- Relaxen & verwennen

12 **OVERZICHT**
Ontdek het Gardameer!

18 **LAATSTE TRENDS**
Aan het Gardameer valt zoveel nieuws te ontdekken

20 **ACHTERGROND**
De feiten, de mensen en het nieuws

26 **ETEN & DRINKEN**
Alle culinaire facetten op een rij

30 **WINKELEN**
Lekker shoppen en rondneuzen

32 **NOORDOEVER**
32 Limone sul Garda
36 Malcesine
41 Riva del Garda
45 Torbole

50 **OOSTOEVER**
51 Bardolino
56 Garda
61 Lazise
67 Torri del Benaco

70 **ZUIDOEVER**
70 Desenzano
76 Sirmione


**SYMBOLEN**

INSIDER TIP Insidertip
★ Highlight
●●●● Best of ...
Mooi uitzicht
Groen & fair
(*) Niet-gratis telefoonnummer

**PRIJSKLASSEN HOTELS**

€€€ vanaf €120
€€ €80–120
€ tot €80

De prijzen zijn per nacht voor twee personen in een tweepersoonskamer inclusief ontbijt in het tussenseizoen

**PRIJSKLASSEN RESTAURANTS**

€€€ vanaf €35
€€ €25–35
€ tot €25

Prijzen gelden voor een voor- en een hoofdgerecht met een drankje erbij

 Op het omslag: Outdooravontuur in de Alpenstreek blz. 112 | Aperitief in een oliemolen blz. 95

80 **WESTOEVER**
81 Gardone Riviera
87 Gargnano
91 Salò

96 **ROUTES & TOCHTEN**
96 De ideale route langs het Gardameer
100 Toppunt van geluk op de Monte Baldo
103 Door het Sarcadal naar Trento en Rovereto

107 Omhoog naar Tremosine en Tignale
110 Met de fiets langs de Mincio

112 **SPORT & WELLNESS**
Activiteiten en verwennerij door het jaar heen

116 **VOOR KINDEREN**
Onweerstaanbare attracties

120 **FEESTEN, FESTIVALS & EVENEMENTEN**
De agenda van het Gardameer

122 **LINKS, BLOGS, FILMPJES & APPS**
Laat je inspireren door het internet

124 **PRAKTISCHE INFO**
Van A tot Z

130 **TAALGIDSJE**

134 **ATLAS**

146 **REGISTER & COLOFON**

148 **OPGEPAST!**


**SPECIALE INFORMATIE**
Jaartallen → blz. 14
Boeken → blz. 24
Op het menu → blz. 28
Officiële feestdagen → blz. 121
Wat kost het? → blz. 127
Het weer → blz. 128

**KAARTEN IN DEZE GIDS**
(136 A1) Bladzijdenummers en coördinaten atlas; niet alle objecten met coördinaten staan met hun naam op de kaart
(0) ligt buiten de kaart

(🕮 A–B 2–3) verwijst naar de losse kaart achter in het boek

**IN HET VOOROMSLAG:**
De top 15 van highlights

**IN HET ACHTEROMSLAG:**
Kaarten van Bardolino, Riva del Garda, Salò, Sirmione

# De beste MARCO POLO insidertips

**Van alle insidertips vind je hier de 15 beste**

INSIDER TIP **Verse houting van de visser**
Hier staan de *locals* graag een keer in de rij: Alberto Rania behoort tot de ongeveer 50 beroepsvissers aan het Gardameer en haalt houtingen en finten uit het *lago*. Spartelvers of ingelegd in zout en olie verkoopt hij de vis driemaal per week op de piazza in Riva → blz. 23

INSIDER TIP **Biertuin alla gardesana**
Niet onder kastanjes, maar onder schaduwrijke olijfbomen genieten de *locals* en vakantiegangers in de *Speck Stube* in Malcesine van varkensschenkel, ribbetjes en koud bier. Kinderen ravotten op de grote weide met een speelplaats, terwijl de ouders rustig eten → blz. 37

INSIDER TIP **Tongstrelend**
Wie de smaak van de Trentinese keuken te pakken heeft, kan deelnemen aan een *proeverij* in het voormalige adellijke Palazzo Roccabruna in het centrum van Trento → blz. 29

INSIDER TIP **Aperitief in een oliemolen**
Elke dinsdagavond wordt door de oliemolen van de *Azienda Agricola Manestrini* bij Manerba een bezichtiging georganiseerd met een proeverij van olijfolie, wijn en andere typische producten → blz. 95

INSIDER TIP **Historische en culinaire hoogstandjes**
In het gebouw van de *Azienda Agricola Pratello* eet en slaap je in een bijna middeleeuws decor, maar met modern comfort. Het wijngoed is gespecialiseerd in biologische wijn → blz. 75

INSIDER TIP **Caribisch gevoel**
*Giamaica Beach* bij Sirmione doet zijn naam eer aan: hier vind je warme bronnen in het meer en felblauw water → blz. 78

INSIDER TIP **Zó romantisch**
Romantisch én biologisch: bij volle maan is de *wijnproeverij* in de *Villa Calicantus* in de heuvels van Bardolino nog leuker → blz. 53

**INSIDER TIP Kostelijke boerenkeuken**

Zin in iets speciaals? Laat je niet afschrikken door de hoog naar San Zeno voerende weg. Bij *Taverna Kus* worden simpele ingrediënten omgetoverd in zalige gerechten → **blz. 60**

**INSIDER TIP Hier staat de tijd stil**

Het bijna verlaten middeleeuwse dorpje *Campo* aan de oostoever is alleen te voet te bereiken → **blz. 39**

**INSIDER TIP Trouwen in een kasteel**

Perfecte ambiance voor een bijzondere bruiloft: in het *Scaligerikasteel* van Torri del Benaco geven verliefde stellen elkaar het jawoord in een citroenenkas of in een toren (foto links) → **blz. 67**

**INSIDER TIP Op een historische tweemaster over het meer**

Vakantiegangers met gevoel voor zeilromantiek glijden op de 'San Nicolò', een *historische vissersboot* uit het midden van de 19de eeuw, vanuit Bardolino of Garda sereen over het water → **blz. 54**

**INSIDER TIP Uit de dagelijkse sleur**

Eens echt omschakelen? Pak dan de boot en steek over naar het Isola del Garda met zijn fijne *park* bij een weelderige villa → **blz. 95**

**INSIDER TIP Chillen met meerzicht**

In de *Torre San Marco* in Gardone Riviera wordt gechild onder oeroude bomen, op bonte lichtkubussen en op witte loungestoelen → **blz. 84**

**INSIDER TIP Kijkje in de hemel**

Nergens in de verre omtrek is de lucht zo helder en arm aan lichtvervuiling, daarom heeft men op de Cima Rest in het achterland van Gargnano de sterrenwacht *Osservatorio Astronomico di Cima Rest* gebouwd → **blz. 89**

**INSIDER TIP Voor doeners en adrenalinejunks**

Ondernemende types kunnen zich bij de alpinistenschool *Mmove* in Arco aanmelden voor begeleide klimtochten, canyoning en dergelijke → **blz. 112**

# BEST OF ...

## HET GARDAMEER TRAKTEERT
Bijzonderheden die niets kosten

GRATIS

### Curieus en cultuur
Is het de kortste rivier ter wereld? De Aril ontspringt in Cassone nabij Malcesine en mondt na een kleine 175 m uit in het meer. In de haven aldaar ligt het kleine, liefdevol vormgegeven visserijmuseum *Museo del Lago.* De toegang is gratis! → blz. 39

### De kaart met de besparingsfactor
Met de gratis *Garda Promotions Card* zijn talloze attracties als pretparken, musea en veerboten goedkoper. De kaart is rond het meer verkrijgbaar in toeristenbureaus en accommodaties → blz. 129

### Meeswingen met gratis concerten
Jazzfans komen in juni en juli in het kader van de reeks *Jazz Café* ruim aan hun trekken, en dat geheel kosteloos → blz. 38

### Verzadigende aperitivi
Met een glaasje aperol spritz (foto) of spumante wordt de dag prettig Italiaans besloten. Het best geniet je daarvan in een klassieke aperitiefbar, want dit soort etablissementen biedt in de vroege avonduren bij een drankje gratis lekkere, verzadigende hapjes, zoals de *Riva Bar* in Riva del Garda → blz. 43

### Duizelingwekkend mooi
Supersteil rijst de imposante bergwereld op de noordwestoever uit boven het meer. Wie ook eens van dit panorama wil genieten, rijdt omhoog naar Tremosine en kijkt in het bij deze gemeente behorende dorp Pieve op het *duizelingwekkende terras* van hotel Paradiso in de diepte. Ter versterking is er dan een verse cappuccino (daarvoor betaal je natuurlijk wel iets) → blz. 90

### Kerkconcert
Volgens kenners is de akoestiek in de San Nicolòkerk in Bardolino uitstekend. 's Zomers kun je je elke woensdag daarvan zelf overtuigen. De klassieke *concerten* hier zijn een bijzondere belevenis, en helemaal voor nop → blz. 54

# TYPISCH GARDAMEER

## Dat zie je nergens anders

### Schoonheidswedstrijd van kastelen

De machtige familie Scaligeri uit Verona was eeuwenlang heer en meester aan de oostoever van het Lago di Garda. In de 13de en 14de eeuw bouwde ze als teken van macht *kastelen* in Malcesine (foto), in Torri del Benaco en in Sirmione. Welke daarvan het mooist is mag je zelf beslissen → blz. 36, 67, 76

### Verse vis

Spartelvers verkoopt de *Cooperativa Fra Pescatori* in Garda alles wat de zo'n 50 beroepsvissers uit het meer halen: houting, forel en de zeldzame Gardameerforel *(carpione)* → blz. 58

### Druiven in het glas

Van Bardolino heb je vast al eens gehoord. In het achterland van het plaatsje rijpen de druiven voor de gelijknamige wijn. Bij veel wijnboeren is het streekproduct te proeven en te koop, bijvoorbeeld in de *Cantine Lenotti* → blz. 53

### Het water op

Alleen vanaf het water is goed te zien hoe mooi de plaatsjes zich op de oever vlijen. Er is dus niets zo mooi als een tochtje met de *veerboot tussen Torri del Benaco en Toscolano!* → blz. 129

### Berg voor doeners

Wil je toeren met de mountainbike, een wandeling naar de top uitstippelen of op ski's de piste op, de *Monte Baldo* is dé plek voor iedereen die zich aan het meer eens goed wil uitleven → blz. 40, 113

### Prachtige plantenwereld

Overal bloeit het en ruikt het naar citroenen, bougainville en rozemarijn. In veel tuincentra, zoals *Flover* in Bussolengo, zijn regelmatig kleine boompjes te koop die je gemakkelijk in de auto mee naar huis kunt nemen → blz. 64

### Alpien geluksgevoel met een mediterrane touch

Dat vind je alleen tussen Riva del Garda en Torbole, bijvoorbeeld in *Bar alla Sega:* gezeten onder palmen en oleanders van een cappuccino of aperitief slurpen, uitkijken op het diepblauwe meer en de 2000 m hoge bergen daarachter → blz. 46

TYPISCH

# BEST OF ...

## OOK AL REGENT HET

Het weer hoeft geen spelbreker te zijn

REGEN

### Waterweg

In *Sea Life Gardaland* volgen bezoekers de route van het water via de bergbeek, het Gardameer en de Podelta naar de Adriatische Zee en de oceaan. In het aquarium zwemmen zeepaardjes tussen koralen en haaien → blz. 119

### Uitstapje naar de stad

Een uitstapje naar het nabijgelegen *Verona* biedt je tegelijk op drie manieren beschutting tegen de regen: meerdere musea, middeleeuwse kerken als de San Zeno en een heleboel shoppingbestemmingen. In de Via Mazzini slenter je van boetiek naar boetiek → blz. 65

### Is dat kaas?

Dat klopt, in de zuivelfabriek *Alpe del Garda* in Tremosine wordt zelfs tamelijk veel kaas gemaakt. Desgewenst kun je aan een bezichtiging deelnemen, en ook nog aan een van de smakelijke proeverijen → blz. 90

### Beschut boulderen

Bij regen leven klimmers zich uit in de *Bouldercity* van Pietramurata. Deze boulderhal bezit 650 m² aan klimwanden, die soms 5 m hoog zijn en ruim 200 routes bieden voor elke smaak → blz. 114

### Waterval

Bij de *Cascata del Varone* doet het weer er niet toe: de in de diepte stortende Tennobeek stuurt toch altijd natte nevelsluiers de smalle kloof in. Thomas Mann vond dit al een 'hels spektakel' (foto) → blz. 44

### Bezoek aan het wijnmuseum

Leuk om te leren en proeven is het *Museo del Vino* van de Cantina Zeni in Bardolino, waar de complete Veronese wijncultuur in beeld wordt gebracht, van de druif tot het afvullen van de flessen → blz. 52

# RELAXEN & VERWENNEN

## Op en top ontspannen

RELAXEN

### Innerlijke rust vinden

In veel hotels aan het meer biedt men gestreste vakantiegangers yoga- en meditatielessen. In het boeddhistische centrum *Kushi Ling* in de bergen boven Arco is dit meer dan bijkomend, hier is het een levensstijl → blz. 49

### Vakantie op de boerderij

De drukte aan het Lago wordt je te veel? De gerenoveerde *Antica Cascina Liano*, een voormalige boerderij hoog boven Gargnano in het groen van Parco regionale Alto Garda Bresciano, biedt volop rust in een rustieke ambiance en een prachtig weids uitzicht op het meer → blz. 88

### Cappuccino in een avonturenpark

Terwijl de kids zich uitleven in het boven Torbole gelegen *Busatte Parco Avventura* in de tokkeltuin of op het BMX-circuit of een balletje trappen op de grote weide, drinken pa en ma een cappuccino op het terras van het bijbehorende restaurant en zien toe hoe de anderen zich in het zweet werken → blz. 46

### Badkuip onder de blote hemel

Ongeveer 37°C is het water in het *Parco Termale del Garda.* Het thermale meertje, omringd door een ontspannend en rustgevend park vol oude bomen, is ook 's avonds open → blz. 64

### Oase van rust

In de grote spa van het *Lefay Resort & Spa* (foto) in Gargnano komen Oost en West samen, een combinatie die het welzijn verhoogt – en daarbij wordt het milieu niet uit het oog verloren → blz. 88

### Tuin om bij te komen

Uitzonderlijker dan de oude botanische tuin in Gardone Riviera, jaren geleden overgenomen door allroundkunstenaar André Heller, wordt een park niet. Vergeet in de *Giardino Botanico André Heller* alles om je heen tussen de Tibetaanse gebedsvlaggen, moderne kunst en rustgevende waterwerken → blz. 82

# OVERZICHT

# ONTDEK HET GARDAMEER!

Het Gardameer heeft veel verschillende gezichten, en voor elke liefhebber heeft het zijn eigen charmes. Een ding maakt het echter voor iedereen aantrekkelijk, want het Gardameer is voor de noordelijker wonende Europeanen de ***belichaming van het zuidelijke levensgevoel***, de dichtstbijzijnde plaats van het geliefde 'dolce vita'. En wie eenmaal gevallen is voor de charmes van het *lago*, komt altijd weer terug. Waarom? Ligt dat aan de mooie *centri storici,* aan de palmen, cipressen en olijfbomen? Aan de vele burchten en kastelen, ***middeleeuwse dorpen*** of de schilderachtige haventjes? Of anders aan de krokante pizza, het lekkere roomijs of de sappige rode wijn? Waarschijnlijk is de reden vooral dat ***bezoekers zich hier thuisvoelen***, want iedereen spreekt Engels of Duits en het bier smaakt er goed. En omdat het Lago di Garda bijna mediterraan aandoet en met zijn omvang van 370 $km^2$ (dat is ruim twee keer zo groot als het eiland Texel) en felblauwe water elk verlangen naar zee bevredigt. Bijna dan: op de breedste plek meet het toch maar 17 km. Wie de verschillende kanten van het Gardameer in korte tijd wil leren kennen, kan het in vier à vijf uur met de auto ronden. Dat kan alleen in het voor- of naseizoen, want de Via Gardesana is smal en bochtig en wordt vooral 's zomers bijzonder druk gebruikt.

Foto: Malcesine

In La Montanara, in een oude steeg van Riva del Garda, komt rustieke Trentokost op tafel

Het noorden van het meer verschilt wezenlijk van het zuiden, en het oosten van het westen. En juist in deze tegenstelling ligt de bijzondere aantrekkingskracht. In het midden van de westoever heerst rust. Wie lezend in een krant of een boek niet veel meer horen wil dan in de wind ***klapperende zeilen*** en de diepe klonk van tegen elkaar stotende boten, is in Gargnano aan het juiste adres. ***Deftige hotels*** zijn aan dit deel van de oever de traditie, al aan het eind van de 19de eeuw onderkende de Duitser Louis Wimmer de vermoedelijk lucratieve schoonheid van het Gardameer en liet in Gardone Riviera het eerste grandhotel bouwen. Meer hotels volgden, en tot op de dag van vanaag vind je hier vooral een degelijk, elitair toerisme.

De oostoever is weliswaar ***jonger en bruisender***, maar niet minder pittoresk. In Bardolino en Garda komen graag fervente shoppers en kun je 's avonds lang on-

**Vanaf 2000 v.C.**
Het gebied rond het Gardameer wordt bewoond door Kelten, Raetiërs en Veneti

**15 v.C.**
De Romeinen bereiken het meer en noemen het Benacus

**9de/10de eeuw**
Karolingische keizers en koningen en lokale vorsten strijden om de macht in Noord-Italië

**1260–1387**
De familie Scaligeri heerst in het gebied rond Verona en aan het meer

**1387–1405**
Het Milanese geslacht Visconti heer en meester in het Gardameergebied

der de mensen zijn. In de straatjes van de historische centra is het dan drukker dan overdag en tot middernacht drentelen kinderen met een ijsje in de hand door het gewoel. Wie toch het ***echte uitgaansleven*** zoekt, gaat bij voorkeur naar de zuidoever, want op de legendarische discotheken rondom Desenzano komen discofans uit de wijde omtrek af.

Het grote verschil tussen noord en zuid zijn echter de bergen en de wind. De bijna fjordachtige noordoever met zijn soms wel 2000 m hoge gebergte garandeert elke ***outdoorfan*** zijn eigen geluksmoment. Bij het canyoning verkennen avontuurlijke mensen onder begeleiding van een berggids anders ontoegankelijke ravijnen. Mountainbikers en wandelaars zoeken de hoogte op en waar zij niet verder kunnen, bungelen sportklimmers en andere berggeiten aan ruige rotswanden, soms zelfs pal boven het meer. Daar waait, blaast en suist het voor landrotten soms al bijna onaangenaam. Niet voor de watersporters, want tussen Limone sul Garda, Riva del Garda en Malcesine maken ***de constante winden*** *ora* en *pelér* het meer tot een van de windzekerste binnenwateren van Europa. Maar dit ***golvenverkeer*** kan soms ook teveel gaan overheersen. Waar vijftig jaar geleden hoofdzakelijk surfers en zeilers over de schuimkoppen op het meer schoten, worden ze daar nu gezelschap gehouden door kitesurfers, standup-paddlers en kanovaarders. Waterskiën en parasailen behoren ook tot de mogelijkheden, zij het alleen aan de zuidkant van het Lago di Garda, want in het noorden is de motorboot geen graag gezien fenomeen op het water.

**In het midden van de westoever heerst rust**

**1405–1797** De Venetianen krijgen de macht over de oostoever

**1797** Westoever Gardameer bij Napoleons Cisalpijnse Republiek, de oostoever en Verona bij Oostenrijk

**1814–'15** Na de val van Napoleon wijst het Congres van Wenen Lombardije en Veneto toe aan Oostenrijk

**1821–'61** Risorgimento-beweging voor een verenigd Italië; in 1861 gerealiseerd

**1919** Na de Eerste Wereldoorlog wordt het Gardameer geheel Italiaans

In principe geldt, hoe zuidelijker je komt, des te groter de drukte. Vooral in de warme zomermaanden. Dan zijn de strandjes tjokvol en parkeerplekken zeldzaam. Geen wonder, want de oever is hier breder en soms ligt er zelfs zand, zoals aan Spiaggia d'Oro in Lazise.

Denk je nu misschien dat de zomermaanden te hectisch voor je zijn? Geen zorgen, zelfs voor feesten en partijen als een bruiloft zijn er altijd enkele ***toevluchtsoorden***. Je hoeft ze alleen te vinden. Zoek tegen zonsondergang bijvoorbeeld een plekje op een ***schilderachtige havenpier***, zoals in Cassone bij Malcesine, en negeer de drukte met een aperol spritz in de hand bij uitzicht op het meer. Of verken anders het weinig opgemerkte achterland. Zelfs regelmatig terugkerende Gardameergangers ontdekken daar steeds weer nieuwe, spannende excursiedoelen.

## Een authentieke keuken met streekproducten

En het eten? Welk vakantieoord je ook hebt gekozen, zelfs in toeristische restaurants is het eten meestal goed. Ongeacht je keuze, of je nu pizza, pasta, risotto of polenta neemt, een uitgebreid menu in een fijnproeverslokaal in Salò of eenvoudig een ***meerforel van de grill***. De plaatselijke koks kiezen steeds vaker voor een authentieke keuken met streekproducten en traditionele gerechten. Dit geldt ook voor wijn. Waar vakantiegangers vroeger goedkope wijn in grote mandflessen kochten, wordt tegenwoordig om kwaliteit gevraagd. Waar je voorkeur ook naar uitgaat, naar licht en fruitig, vol, of droog en kruidig, in de gaarden rond het Gardameer groeien druiven voor de meest uiteenlopende ***wijnen***. Terwijl in het noorden de rode, karaktervolle marzemino bijzonder goed samengaat met stevige spijzen, drinken wijnfans in het zuiden de flink gekoelde rosé bardolino chiaretto bij hun fijne visgerechten.

Het Gardameer bevredigt echter niet alleen de behoeftes van naar adrenaline snakkende sporters, rustzoekende zonaanbidders en avontuurlijke genieters. Op de plaats waar bezoekers als Goethe, Nietzsche en Kafka uitkeken naar kunstschatten, vinden geïnteresseerde reizigers nog altijd ***diverse culturele bestemmingen***, zoals de mooie romaanse kerk San Severo in Bardolino en de vindplaats met de Romeinse villa Grotte di Catullo in Sirmione. En wie kleine autotochtjes niet schuwt, bewondert de Piazza Duomo in Trento of slentert in Verona door de Arena. Een bijzonder

**1943–'45** Republiek van Salò: de fascistische dictator Benito Mussolini trekt zich tijdens de Tweede Wereldoorlog terug aan het Gardameer

**1946** Na een referendum wordt Italië een republiek

**1962** Op de Monte Baldo wordt een kabelbaan naar Malcesine geopend

**2013** Opening van MuSe in Trento, een groot natuurwetenschappelijk museum

**2015** Met talloze evenementen presenteert de regio zich op de Expo 2015 in Milaan

aantrekkelijke optie in de jacht op nieuwe, spannende bezienswaardigheden is een kajak- of ***kanotrip langs de Gardameeroever***: vanaf de weg onzichtbare villa's tonen dan hun volle pracht en in oude citroengaarden hangen de gele vruchten te glanzen. Een ideaal uitgangspunt voor ***waterige sightseeingtours*** is het chique oord Gargnano op de westoever, waar de welvarende klasse eeuwen geleden al graag prachtige landgoederen bouwde.

In en om Limone dragen citroenbomen hun stralende gele vruchten

Het leven aan het Gardameer wordt tegenwoordig bijna volledig bepaald door het toerisme. Want niet alleen de direct door de stroom vakantiegangers geraakte hoteliers en restauranteigenaars en andere medewerkers in het gastronomie- en hotelwezen verdienen hun brood aan de gasten, ook de fruitverkoper met zijn marktkraam, de bouwvakker die vakantiewoningen renoveert, de visser die aan trattoria's levert en ***de bergherder die zijn kaas verkoopt***. Het toerisme is niet alleen een zegen voor de regio. Vooral de groeiende verkeersdrukte kan zenuwslopend zijn. Een goede tip: verplaats je zo weinig mogelijk met de auto.

**In oude citroengaarden hangen de gele vruchten te glanzen**

Ondanks de vele toeristen hoef je aan het Gardameer niet bang te zijn dat je als vakantieganger wordt kaalgeplukt. Nederlandse en Belgische bezoekers zijn gewaardeerd bij de Italianen en in veel hotels en restaurants word je begroet alsof je al jaren in het etablissement komt. *Belle vacanze al Lago di Garda!* (Fijne vakantie!)

# LAATSTE TRENDS

## 1 Duurzame wijnheuvels

***Alles is bio*** Jonge wijnboeren gaan voor biokwaliteit. In de *Cantina della Valtenesi e della Lugana (www.civielle.com)* in Moniga del Garda worden wijnen geproduceerd met namen als 'Biocora – dans van het leven'. Ook de bardolino is er in een biologische variant; die van *Cantina di Custoza (www.cantinadicustoza.it)* heeft een prijs gekregen. Azienda Agricola *Le Sincette (www.lesincette.it)* in het dorpje Picedo di Polpenazze maakt wijn en olijfolie volgens Demeterrichtlijnen.

## 2 Fun voor kids

***Meer pret voor ouders*** Ook de kindvriendelijke Italianen hebben gemerkt dat een speelplaats in de tuin van een restaurant de ouderlijke pretfactor bij het uitgaan merkbaar verhoogt. Zo vind je rond het meer een groeiend aantal lokalen met springkastelen in de tuin, zoals *La Cantinota (www.lacantinota.it)* in Arco, waar grote weides met een speelterrein bewegingsvrijheid bieden, en in *Agriturismo Le Caldane (www.agriturismolecaldane.com)* in Lazise, of zelfs met een kinderboerderij, zoals *La Fattoria* (blz. 42) in Riva.

## 3 Sushi aan het meer

***Maki meets mascarpone*** De culinaire globalisering grijpt om zich heen. Zelfs aan het Gardameer heeft de sushitrend, elders allang mainstream, zijn intrede gedaan. In de *Sushi Club* in Desenzano, bij *Lakhu (www.lakhu.it)* in Sirmione of *Sushoku* in Riva del Garda, overal laten de Italianen zich de Japanse klassiekers goed smaken. Maar wél, daar ontkom je nu eenmaal niet aan, met een mediterrane touch, want een uramaki met mozzarella, tomaat en basilicum ('Italian Roll') komt er evengoed op tafel als de temaki met mascarponevulling.

## Aan het Gardameer valt zoveel nieuws te ontdekken. Kies de spannendste trends

# Ecolifestyle

4

***Eco als handelsmerk*** Alternatieve voedingswaren en lifestyles zijn inmiddels ook in Noord-Italië een sociaal statement, maar dan vooral van de glamoureuze soort. Ondanks de exorbitante prijzen knabbelt de gezonde golf aan het Gardameer. Zo zijn er steeds meer biosupermarkten, bijvoorbeeld *Mondo Vegan (Viale Tommaso dal Molin 16)* in Desenzano, en vegetarische restaurants als *Bio Essere Risto & Caffè (Via Santa Caterina 40 | www.bioesserearco.com)* in Arco. Veel ijssalons onderscheiden zich met hun veganistische ijssmaken. En in bijna elk klein plaatsje vind je nog een *erboristeria,* een reformwinkel in apotheekstijl. Of het nu gaat om calendulazalf of keelsnoepjes, daar vind je alles rond plantengeneeskunde – en je krijgt er meestal uitstekend advies.

# Craft beer

5

***Sappig bier*** Wie denkt dat op de glooiende heuvels rond het Gardameer alleen wijnen als lugana, marzemino of nosiola worden gemaakt, heeft het mis. Waar tot voor kort barkeepers alleen Belgische of Duitse biertjes op de toog zetten, stroomt tegenwoordig steeds vaker lokaal *craft beer* in het glas. In talloze dorpjes wordt door *micro birrerie,* kleine brouwerijen, op ambachtelijke wijze eigen bier geproduceerd, waaronder ook specialiteiten als kastanjebier, op eikenhout gerijpt bier of zelfs creaties met toegevoegde druivenmost. Een van de eerste *birrerie* aan het Gardameer was de *Manerba Brewery (www.manerbabrewery.it)* in Manerba. In het Ledrodal heb je bovendien ongefilterd bier dat uitsluitend wordt gemaakt met vers, kristalhelder bergwater *(www.birrificioleder.it).*

# ACHTERGROND

## NAAKTRECREATIE OF NIET?

Gekleed of naakt in de sauna, dat wordt gemakkelijk een strijdpunt als de zuidelijke en noordelijke culturen elkaar ontmoeten. Aan het Gardameer is dat niet anders. Want in Italië peinst vooral de oudere generatie er niet over om in het openbaar naakt te gaan. Dat begint al op jonge leeftijd in het openluchtbad en op het strand, waar zelfs kinderen zich omkleden met een handdoek om. Noordelijke saunafans kunnen evenwel opgelucht ademhalen: in steeds meer openbare sauna's verkondigen bordjes de boodschap dat naakt de sauna gebruiken gezonder is. Wat natuurlijk nog geen garantie is dat de preutse Italianen zich ook werkelijk zullen ontkleden.

## SMAAKVOLLE GOUDKLEURIGE SAFFRAAN

Iedereen weet wel dat de streek rond het Gardameer veel culinaire specialiteiten voortbrengt, vooral natuurlijk olijfolie en wijn. Minder bekend is dat hier ook een oosterse specerij thuis is. Rond het meer groeit namelijk saffraan, een krokussoort met geurige stempeldraden. Door de *locals* wordt het kostbare kruid niet alleen gebruikt in de bekende *risotto alla milanese,* maar ook om talloze streekspecialiteiten te verfijnen, zoals de wrongel van de zeldzame almkaas Tombea en de kruimeltaart *torta sbrisolona,* het traditionele gebak uit het zuiden van het Gardameer. Op sommige plaatsen kleurt men met de specerij de aardappelpuree goudgeel. Saf-



Foto: de Strada del Ponale aan de noordwestkant van het Gardameer

**De feiten, de mensen en het nieuws, een aantal kenmerkende items om het Gardameer beter te begrijpen**

fraan wordt vooral verbouwd aan de voet van de Monte Baldo, in Pravelle, in Gargnano en in de Val di Ledro. In Pozzolengo teelt de INSIDERTIP *Azienda Agricola Al Muràs (www.zafferanodipozzolengo.it)* met veel succes hoogwaardige biologische saffraan; jaarlijks worden in de azienda zo'n 3 kg saffraan geproduceerd. Hiervoor worden circa 600.000 saffraankrokussen met de hand geoogst (!) en deels tot fijne delicatessen verwerkt. Trek gekregen? Een bezoek aan de boerderijwinkel loont de moeite.

## IJSKOUDE DUIK MET TRADITIE

Heb je het nog nooit koud gehad, écht koud? Bezoek op nieuwjaarsdag dan eens Riva del Garda. Dan begroeten veel omwonenden van het Gardameer het nieuwe jaar graag met een duik in het koude water. Bij temperaturen die naar nul neigen, dagen in Riva del Garda sinds 20 jaar op 1 januari vanaf 11 uur rond de 100 durfals op voor de *Tuffo di Capodanno.* Iedereen is in badkleding en wacht op het dorps-

plein op het startschot om de haven door te zwemmen. Leeftijd speelt geen rol: van tienjarigen tot gevorderde senioren is iedereen erbij. Op *www.youtube.com/watch?v=jdO1CWone7I* kun je meekijken. In Pieve aan het Lago di Ledro wordt gewacht tot het eind van de maand: dan volgen naar verschillende legendes de drie koudste dagen van het jaar, de *giorni della merla* ofwel 'mereldagen'. De duik in het Ledromeer heet daarom *Tuffo della Merla.* Sinds 2008 storten zich in die periode zo'n 80 deelnemers in het ijskoude water van het Lago di Ledro.

## TUNNELS EN DROOMPANORAMA'S

Menige bestuurder heeft wel eens gevloekt wanneer de 30 km tussen Gargnano en Riva del Garda via 74 tunnels moest worden overbrugd. Enkele tunnels zijn zo smal dat twee campers elkaar al nauwelijks kunnen passeren, laat staan als er een troep wielrenners voorbijkomt. De op de westoever gelegen Gardesana Occidentale behoort tot de mooiste wegen van Italië. Waar de tunnelvensters en galerijen onbelemmerd zicht op het meer geven, is deze aanduiding beslist terecht. De weg werd niet aangelegd voor het toerisme, maar om na de Eerste Wereldoorlog de voortaan ook bij Italië horende noordoever van het meer met de zuidoever te verbinden. Op de tegenovergelegen oever loopt de bredere, lang niet zo spectaculaire Gardesana Orientale. Omdat de oude wegen door de huidige verkeersdruk volledig overbelast raken, worden de beide oeverwegen 's zomers afgesloten voor vrachtwagens.

## WINTER AAN HET MEER

Slechts weinig mensen komen op het idee om het Gardameer 's winters te bezoeken, en dat is jammer. Want de winter is het meest ontspannen seizoen, het moment waarop de *locals* de fietsen uit de kelder halen en de parkeermeters worden afgeplakt. Natuurlijk zijn niet alle winkels en bars open, en ook veel hotels zijn gesloten, maar dat wordt ruimschoots gecompenseerd door de rust en kalmte die overal heersen. Het fijnst is nog het weer, want anders dan in de zomer is de lucht niet heiig, maar helder en echt blauw. Tel daarbij op de groene palmen en olijfbomen, het blauwe meer en de witte bergtoppen in het noorden. Wie een plekje uit de wind vindt, kan zijn trui al uittrekken en van het zonnetje genieten. En vergeet de veelzijdige wintersportmogelijkheden niet. In theorie kun je de ene dag een skitocht op de Monte Stivo maken, de volgende gaan ijsklimmen en op de derde dag sport-

klimmen in de zon in Massone – met een beetje geluk zelfs in T-shirt. Zelfs de Monte Baldo biedt een klein skigebied. Een echte verrassing is de tijd rond Kerstmis. In de laatste jaren hebben de kerstmarkten aan populariteit gewonnen, nog het meest bij de *locals*. In Riva del Garda, Bardolino, Garda en Tremosine, overal glinsteren lichtslingers en aan houten kraampjes worden lekkernijen, speelgoed en handgemaakte souvenirs verkocht. Veel markten zijn zelfs tot begin januari geopend.

## WHATSAPP VAN EEN VISSER

Wanneer Alberto Rania om 10 uur aankomt op de Piazza Battisti in Riva del Garda, staan de Rivanesi al in de rij. Ze wachten allemaal op het moment dat hij zijn tot koelkast omgebouwde, driewielige *ape*-karretje opent en de glanzende vis van het ijs haalt. In het Gardameer leven ongeveer 40 soorten vis: talloze inheemse, enkele die uit omringende wateren toevallig in het Gardameer terecht kwamen, en tot slot soorten die doelbewust door de mens zijn uitgezet. Alberto behoort tot de laatste 50 beroepsvissers van het Gardameer. De meesten zijn georganiseerd in coöperaties die de verkoop en de verwerking van de vis voor hun rekening nemen. Zo ook de Cooperativa Pescatori in Garda, waar de verse vis 's ochtends wordt geveild. Alberto is zelfstandige en verkoopt elke INSIDERTIP dinsdag, vrijdag en zaterdag tussen 10 en 12 uur zijn zojuist gevangen buit voor de burcht in Riva del Garda. De vaste klanten worden via WhatsApp over de vangst geïnformeerd. De vis is al schoongemaakt en uitgenomen. Desge-

Superromantisch en nog een echte insidertip is Kerstmis aan het meer

wenst krijg je er een paar bereidingstips bij. *www.albertorania.it*

## SCHAT VAN DE MONTE BALDO

De truffel (*tartufo* in het Italiaans) is een zakjeszwam, wat een minne naam voor deze culinaire lekkernij! Truffels groeien ondergronds tegen de wortels van loofbomen. Bekende vindplaatsen in het bereik van deze reisgids zijn de Monte Baldo aan de oostzijde van het Gardameer en het Parco Alto Garda Bresciano aan de westzijde van het Gardameer, waar in de herfst in Tignale het truffelfeest *Sagra del Tartufo* wordt gevierd *(www.tignale.org)*. Vroeger liet men varkens naar truffels zoeken, die de kostbare schat steevast vonden, maar ze ook graag zelf opvraten. Tegenwoordig worden honden afgericht om dit klusje te klaren. Naar truffels zoeken is wettelijk geregeld, alleen *tartufari* mogen met hun honden naar de peperdure knolletjes graven. Voor eigen gebruik naar truffels speuren wordt bestraft als stroperij.

## BOEKEN

**Lago di Garda, een meer vol verhalen** – Evert de Rooij (1952) vertelt in dit boek een keur van bekende en minder bekende, kleurrijke verhalen over het Gardameer, zoals de geboorte van het Rode Kruis na de Slag bij Solferino of de liefdesperikelen van Maria Callas in Sirmione.

**Twilight in Italy** – De Britse romanschrijver D.H. Lawrence (1885–1930) verbleef in 1912 met zijn minnares Frieda von Richthofen enige tijd aan het Gardameer en beschreef deze Italiaanse periode in zijn reisdagboek 'Twilight in Italy' (1916).

## CITROENSAP HOUDT JONG

Alberto Dagnoli is er trots op: hij is de 70 ruim gepasseerd en nog kerngezond. Zijn recept: veel verse vis, olijfolie en natuurlijk citroenen. Deze senior is toeristengids en doet niets liever dan geïnteresseerden rondleiden in de citroengaarden van Limone sul Garda. Hij weet dat de inwoners van Limone een lang leven beschoren is. Neem nu zijn eigen grootouders, die ook op hoge leeftijd nog uitstekend mee konden komen. Waarom nu net de Limonesi? De reden is minder het aanbevolen menu van de inwoners van het ooit geïsoleerde vissersdorp, hoe gezond vis, olijfolie en citroenen ook zijn. De echte reden is een gemuteerd gen, waarvan ruim 40 Limonesi drager zijn. Dat helpt het cholesterol in het bloed te verzamelen en naar de lever te transporteren, wat hart- en vaatziekten voorkomt. Alberto's broer is een van de gelukkige dragers, hijzelf niet. Maar dat geeft niet, want het gaat hem uitstekend. En hij zweert bij het dagelijks eten van citrusfruit!

## VET VOOR FIJNPROEVERS

Het Gardameer en olijfolie zijn als twee handen op een buik, lacht Ivo Bertamini. Hij is olijvenboer aan de noordzijde van het Gardameer en drijft nabij Arco al bijna 50 jaar een *frantoio,* een traditionele oliemolen *(www.gardatrentino.it/de/frantoio-bertamini).* 'Wij persen de olijven met een echte molensteen. Vergeleken bij olieën uit sterk gemechaniseerde molens smaakt die van ons zachter en minder pikant.' Sinds enkele jaren vervaardigt hij ook INSIDER TIP cosmetica als zeep, shampoo en crèmes. Maar de

olijfbomen op de vele terrassen en in tuinen rond het meer worden niet alleen beroepsmatig gekweekt. Veel families hebben een paar bomen om hun eigen olie te produceren. Dat is flink aanpoten. Bijna alle fans van een lekkere salade aangemaakt met Gardesana olijfolie weten dat de olijven met de hand worden geoogst. Eén boom brengt circa 20–30 kg vruchtjes op. Twee geoefende plukkers oogsten per dag tot 100 kg olijven, die 15 à 18 l olie opbrengen. Geen wonder dus dat een liter goede olie algauw €25–30 kost.

Noeste arbeid: een olijfboer weet waarom een fles olie van €5 niet deugt

## STUK GESCHIEDENIS OP DE MEERBODEM

In 2017 werd een nieuw overblijfsel uit de maritieme geschiedenis van het meer ontdekt. Halverwege tussen Maderno op de westoever en Torri del Benaco op de oostoever ligt op 150 m diepte het wrak van een transportschip. De ramp heeft zich waarschijnlijk voltrokken in de 17de eeuw. De foto's bekijken? 'La storia sommersa: Lago di Garda' op Facebook.

## POSTZEGEL MET VIS

Het komt veel voor dat op postzegels gebouwen staan afgebeeld, ook bekende personen, dieren of planten zie je vaak. Maar eten toch bijna nooit. In Italië viel voor de eerste maal in de geschiedenis van het postwezen deze eer ten deel aan een recept, de *bacalà alla vicentina* uit de zuidoostelijke Gardameerregio. Sinds 2017 worden postzegels van 95 cent gesierd door een terracotta pot met stokvis à la Vicenza, een schaal polenta of stukjes stokvis. Wie Italiaans begrijpt, kan op *baccala allavicentina.it* nalezen hoe de Noorse stokvis in Vicenza terecht is gekomen en daar uitgroeide tot een klassieker.

# ETEN & DRINKEN

**Aan het Gardameer is eten veel meer dan voedsel tot je nemen: eten is cultuur. Het meer grenst aan de regio's Trentino, Lombardije en Veneto, en daarom bestaat er niet één Gardameerkeuken. Dat maakt een culinaire rondreis des te spannender, want zo laten zich veel verschillende regionale specialiteiten proeven.**

Tijdens een vakantie aan het Gardameer mag een ***diner aan het water*** natuurlijk niet ontbreken. Zowel op de west- als oostoever is de keuze aan goede (vis-) restaurants groot. De drie regio's hebben op culinair gebied gemeen dat ze zowel alpien achterland als visrijke wateren omvatten. Het gastronomische palet van het Gardameer biedt goede wijnen, heerlijke olijfolie, vlees uit de bergstallen en natuurlijk ***uitstekende zoetwatervissen*** als forel *(trota),* Gardameerforel *(carpione),* houting *(coregone),* de forelsoort *lavarello,* snoek *(luccio)* en baars *(persico).*

Wie op de menukaart ***sardine di lago*** ontdekt, zou die zeldzame kans moeten grijpen. Hierbij gaat het niet om een echte sardine, want dat is normaliter een zeevis. In het Gardameer leeft echter een haringachtige, die in het Nederlands fint heet. Oorspronkelijk zwommen de finten alleen om te paaien naar zoet water, zoals de zalm bijvoorbeeld ook doet, maar op een gegeven moment zijn ze in het meer gebleven. De gebakken visjes worden fijngesneden en door pasta geroerd: *spaghetti con sardine di lago* is een razendpopulair gerecht.



Foto: polenta uit de oven

## Paddenstoelen en polenta, houting en forel: rode wijn voor bij de stevige kost uit de Alpen, witte wijn bij de vissen uit het meer

Lekker stevig is de keuken in het noordelijke Trentino. Hier komen vaak **voedzame gerechten** op tafel, zoals polenta met konijn *(coniglio)*, *strangolapreti* (spinaziegnocchi, heerlijk met gesmolten boter en salie) of *canederli* (broodknoedels). Veel gerechten zijn bijna te zwaar voor een zomeravond aan het meer. Dat herinnert eraan dat je het Gardameer ook 's winters kunt bezoeken; dan is alles rustiger en kan huiverend bij de koude wind echt worden genoten van een zware, warme maaltijd. Nog een voordeel van een verblijf in de winter: in december worden op de hellingen van de Monte Baldo **truffels** *(tartufi)* geoogst, een delicatesse. Proef ook beslist eens *carne salada,* een soort pekelvlees en bij uitstek de **specialiteit van Trentino**. Het vlees wordt rauw geserveerd als carpaccio of met bonen gestoofd in de pan. Wat **alpiene flair** op het bord brengen tagliatelle met paddenstoelen of risotto *ai funghi porcini,* dus met eekhoorntjesbrood. Onmisbaar als verzadigend bijgerecht is **polenta**, een stevige pap van

## OP HET MENU

**alborelle** – gefrituurde visjes uit het Gardameer
**birra alla spina** – bier uit het vat; bij pizza drinken Italianen zelden wijn, ze hebben liever bier
**bollito misto** – potje van gekookt kippen-, kalfs- en rundvlees, naar gelang de regio opgediend met in mosterd ingelegd fruit *(mostarda)*
**chiaretto** – lichte, fruitige rosé
**cotoletta alla milanese** – de populaire wiener schnitzel wordt in Italië *cotoletta alla milanese* (varkenskotelet op Milanese wijze) genoemd
**fiori di zucca ripieni** – doorgaans met ricotta gevulde courgettebloemen
**giardiniera** – de Italiaanse variant van gemengd tafelzuur
**gnocchi** – kleine aardappelmeelballetjes, net als pasta een *primo,* dus gegeten als een aparte gang (foto links)
**luccio in salsa** – snoek in een saus van gebakken finten, een specialiteit van het zuidelijke Gardameergebied
**macedonia** – verse fruitsalade
**petto di faraona** – gebakken parelhoenborst (foto rechts)
**torta sbrisolona** – kruimeltaart die niet wordt gesneden, maar in stukken wordt gebroken: klassiek gebak voor bij een kopje koffie
**tortelli di zucca** – deegtasjes met zoete pompoenvulling, gegeten als een *primo*
**trota in saor** – forel gestoofd in een marinade van uien en witte wijn

maisgriesmeel, die op talloze manieren wordt bereid.

Ook in de oostelijk aan het Gardameer grenzende Veneto wordt veel polenta gegeten, daar vaak in een fijnkorrelige en romige variant die wordt bereid uit de gepelde korrels van een lichtere soort mais. Hoewel in Veneto altijd veel handel werd gedreven en de bewoners culinaire waren uit Azië en Afrika kenden, bleef de keuken toch eenvoudig en vooral beïnvloed door het noorden. Men gebruikt er veel bonen, vis en orgaanvlees. En omdat op de Povlakte ten zuiden van Verona uitgestrekte rijstvelden liggen, vinden vakantiegangers ook ***risotto in alle variaties*** op de menukaart. Voor de pasta zweren de inwoners bij dikke spaghetti, de zogenaamde *bigoli.* Geen echte insidertip meer, maar toch heel lekker zijn de handgemaakte, met vlees en ham gevulde ***tortellini di Valeggio*** uit het gelijknamige stadje ten zuiden van Peschiera del Garda.

Het grootste deel van de meeroever hoort bij Lombardije, dat zich uitstrekt

van Limone sul Garda in het noorden langs de westkant en Salò tot aan het zuidelijk gelegen Sirmione. De Lombardische omwonenden van het meer houden van stevige soepen, **gekruid stoofvlees** en *spiedo* (vleesspies). Verschillende soorten in stukjes gesneden vlees worden om en om met spek op een lange spies gestoken en boven een open vuur gegrild. Wat daarbij ook in Lombardije natuurlijk niet mag ontbreken is polenta. Daarnaast vinden avontuurlijke fijnproevers **paardenvlees**, kikkerbilletjes en slakken op het menu. Van alle regio's aan het meer biedt Lombardije de beste trattoria's en de meeste met sterren bekroonde restaurants.

Niet alleen het eten rond het meer is gevarieerd, ook het drankenaanbod. De stevige keuken van het noorden vraagt om **krachtige wijnen**. Teroldego en marzemino zijn twee goede, uitsluitend in Trentino gemaakte rode wijnen. Het noorden is bovendien beroemd om zijn grappa's. Dit **druivenpulpdestillaat** wordt meestal klaar gedronken, soms ook op smaak gebracht met dennennaalden, lijsterbessen of gentiaanwortel. Minder bekend is de fijne dessertwijn **vino santo** uit de streek van het Toblinomeer. Hiervoor worden nosioladruiven op houten rekken gedroogd.

De typische wijn van de oostoever is de rode bardolino. Deze verwierf ooit een slechte reputatie als bulkwijn, maar inmiddels wordt hij op veel plaatsen in een goede kwaliteit geproduceerd. Wie er meer over wil weten, volgt de **Strada del Vino** (wijnroute). In het zuidoostelijke Gardameergebied lokken fijne witte wijnen als de lugana. En als aperitief of tot besluit van de maaltijd wordt bij het zuidwestelijke Gardameer in de regio Franciacorta, ten zuiden van het Lago d'Iseo (Iseomeer), mousserende **wijn in champagnestijl** gemaakt.

In welke prijsklasse je ook zoekt, rond het meer vind je altijd wat lekkers, van snelle **pizza uit het vuistje** tot fijnproeverstempels (vooral rond Salò en Gargnano). In het hoogseizoen en in het algemeen bij duurdere etablissementen is **reserveren** dringend aanbevolen. Lekkerbekken die een uitstapje maken naar Trento zouden dan ook de tijd moeten nemen voor een bezoek aan de gewezen adellijke residentie *Palazzo Roccabruna (do–za 17–22 uur | www.palazzoroccabruna.it)*. In dit paleis organiseert de **Enoteca Provinciale** regelmatig INSIDER TIP workshops en proeverijen met lokale wijnen en andere specialiteiten.

Tot slot nog een tip: in supermarkten of **delicatessenzaken** vind je talloze regionale specialiteiten voor redelijke prijzen, zoals kaas en salami uit de streek, olijven en ingelegde groenten op olie, vers brood en natuurlijk ook tomaten, mozzarella en vers of gedroogd basilicum. Ga met je aankopen op het strand, op een stoepje of op een berghelling zitten en geniet van een lekkere **picknick in de openlucht**. *Buon appetito!*

De oostoever staat qua wijn in het teken van de bardolino

# WINKELEN

Wil je je vakantie in *La bella Italia* thuis voortzetten met smaakvolle souvenirs? Geen probleem, in bijna elk plaatsje aan het meer worden markten gehouden. Chique schoenen of pittige parmezaan, een elegante handtas of een stylish espressoapparaat: hier zul je het beslist vinden. Op de plaatselijke markten komen zowel *locals* als bezoekers graag op koopjes jagen.
De openingstijden van winkels zijn over het algemeen heel Italiaans flexibel. Een vuistregel: van 9 tot 12 uur en van 15.30 tot 19 uur. 's Zomers kan op veel plaatsen 's avonds tot 22 uur worden geshopt, soms zelfs nog langer. En in de drukstbezochte toeristenoorden aan het meer hoef je ook op zondag niet te stoppen met geld uitgeven.

## ETEN & DRINKEN

Levensmiddelen zijn heel geschikt als souvenir, zoals de heerlijke milde olijfolie van de meeroevers. Deze koop je het best (en het voordeligst) bij een coöperatie, bijvoorbeeld in Riva del Garda, Gargnano of Limone sul Garda. Goede olijfproducten biedt ook het Museo dell'Olio d'Oliva in Cisano bij Bardolino. Vergeet bovendien de goede of opvallende pastasoorten, wijn en grappa niet; koop de twee laatste overigens liever in de supermarkt of in wijnwinkels dan in souvenirzaken. Want in de veel te mooi ogende glazen flessen voor toeristen zit lang niet altijd het beste product.

## FABRIEKSWINKELS

Vooral in de zuidelijke streek rond het Gardameer wordt shopping in outlets (fabriekswinkels) nog altijd populairder. Merkartikelen voor lage prijzen vind je onder andere direct bij de hoofdzetel van de koffie- en keukenapparatuurspecialist Bialetti in *Coccaglio,* 25 km ten westen van Brescia, waar de *fabriekswinkel (Via Fogliano 1)* Bialettiproducten tegen 10 à 20 procent korting aanbiedt. Lingerie, beenmode en bikini's zijn te vinden in *Avio* (afslag Ala-Avio van de A 22) in de outlet *Calzedonia Intimissimi (Via del Lavoro 30/hoek Via dei Carri).*

## KLEDING

Lederwaren zijn in Italië nog altijd gunstig geprijsd te krijgen, vooral op markten. En als je eens goed wilt jagen op kleding van Italiaanse ontwerpers, ga dan naar de merkboetieks van Salò en Pes-

# Pasta, schoenen, sportartikelen: op de bonte markten shoppen *locals* en bezoekers even graag

chiera del Garda, in Desenzano, Riva del Garda en ook Bardolino. Een slentertochtje in Sirmione heeft al iets weg van een bezoek aan een winkelcentrum, want in de straatjes van het oude centrum wachten (te) dure winkels tot kapitaalkrachtige bezoekers hun portemonnee eens goed trekken.

Echte koopjes zijn daarentegen nog te vinden als je aan het eind van de zomer arriveert. In veel winkels worden de waren in de uitverkoop *(saldi)* met 50 procent korting aangeboden. Vooral bij de authentieke merkkleding wordt het werkelijk lonend.

## SPORTARTIKELEN

Met zoveel adrenalinejunks als aan het Gardameer mogen de bijbehorende sportwinkels natuurlijk niet ontbreken. In Torbole vinden windsurfers alles wat ze nodig hebben voor hun sport, van een coole plank tot stijlvolle uitrusting en een waterdicht pak. Bergsporters worden onder meer in Arco graag verder geholpen, waar de bergsportartikelen tot 30 procent goedkoper worden verkocht dan elders. Mountainbikers vinden vooral in Torbole en Arco de nodige accessoires en reserveonderdelen.

## WINKELCENTRA

Naast veel speciaalzaken en boetieks zijn er talloze grote winkelcentra die bijna allemaal zeven dagen per week geopend zijn. Deze shoppingmalls vormen een goed alternatief voor als het eens regent of als je de winkelactiviteiten wilt verplaatsen naar een koele, airconditioned omgeving. Het *Millennium Center* in *Rovereto* is met 50 winkels het grootste in de Trentinostreek *(ma 14–20 uur, di–zo 9–20 uur | Via del Garda 175)*. In *Affi* liggen aan de snelweg gelijk twee grote winkelcentra: het shoppingcenter *Affi Uno (ma–za 9–19.30 uur | Via Pascoli)* en het complex genaamd *Grand'Affi (dag. 9–21 uur | wijk Canove 1)*.

# NOORDOEVER

**De rit naar een afgelegen Noorse fjord kun je gerust overslaan, want de noordoever van het Gardameer ziet er minstens zo spectaculair en imposant uit. Bijna loodrecht rijzen de bergwanden hier op, voor dorpjes is op de oever weinig ruimte.**

Alleen Riva del Garda kan nog iets uitbreiden, omdat het in de vlakke, voormalige delta van de Sarca ligt. Het buurdorp Torbole ligt ingeklemd tussen de Monte Brione, het meer en de rots met de kasteelruïne Penede. Juist deze ligging wordt door de bezoekers van Torbole gewaardeerd: als in een windtunnel steken hier regelmatig de *ora, pelér* en *balì* op, tot grote vreugde van de surfers. Zuidelijker bereik je Malcesine, een charmant oud dorp, dat echter vaak overvol is. Sportievelingen beklimmen de top van de Monte Baldo, die bijna 2000 m oprijst boven het meer. Pal tegenover Malcesine op de noordwestoever ligt Limone sul Garda, dat soms lijkt te zuchten onder de toeloop van dagjesmensen. Alleen 's ochtends vroeg merk je nog iets van de oorspronkelijke charme ervan.

## LIMONE SUL GARDA

(138 B5) (*H–J3*) **Ook al is de citroen opvallend genoeg niet de naamgever van dit charmante dorp aan de noordoever van het Gardameer, hij is wel het handelsmerk van Limone sul Garda.**

 Foto: windsurfer aan de noordoever van het Gardameer

## Surf- en mountainbikehotspot: alleen luieren doet de sportieve noordoever met zijn spectaculaire achterland tekort

Het gezegde 'Als het leven je citroenen schenkt, maak dan limonade' brachten de inwoners van Limone sul Garda eeuwen geleden al in de praktijk. In de middeleeuwen introduceerden enkele monniken de exotische vrucht aan het meer. In het afgelegen vissersdorp van de Limonesi bleken de teeltomstandigheden zo goed dat hier in 1750 al de eerste citroenen konden worden geplukt. Niet voor eigen gebruik: de vrucht diende als een kostbaar ruilmiddel en groeide al snel uit tot een gewilde handelswaar. Ook in Oostenrijk, Engeland en zelfs Rusland was men dol op de Noord-Italiaanse citroenen.

Het Gardameer staat nog altijd garant voor een perfect uitgebalanceerd microklimaat en temperaturen onder nul hoef je hier niet te vrezen. Desondanks blijft de toeristendrukte beperkt tot de zomermaanden. Vanaf november zakt Limone weg in een winterslaap. Vele winkels, restaurants en hotels sluiten, parkeerautomaten worden afgeplakt en de slagbomen in de parkeergarage worden

Limone is het mooist vanaf het water, dus kom per boot

ontmanteld. Dan is de plaats weer het domein van de ruim 1000 Limonesi.
Limone sul Garda leeft al sinds lange tijd meer van het toerisme dan van de citroenteelt. Dit omdat in 1861, toen de westelijke meeroever werd opgenomen in het nieuwe koninkrijk Italië, de grensposten en beschermende wetgeving vervielen en de Siciliaanse citroenen zelfs in Noord-Italië goedkoper waren dan de lokale. Pas laat in de 20ste eeuw, toen de zuidvruchten van het Gardameer allang hun commerciële waarde hadden verloren, werden de voordelen van de gele vrucht weer door de *locals* ontdekt. Tegenwoordig brengt de citroen opnieuw veel gerechten en gebak op smaak, worden de dunne, verse schijfjes met bruine suiker gegeten of wordt hij ijskoud als limoncello gedronken. En als logo siert de citroen T-shirts, tassen en theedoeken. De naam Limone heeft overigens niets met de vrucht te maken, maar stamt van het Latijn *limes*, wat grens betekent. Lang geleden liep de grens tussen Oostenrijk en Italië namelijk door dit dorp.

## SIGHTSEEING

### LIMONAIA DEL CASTEL

In deze gerenoveerde *limonaia* (kas) uit de 18de eeuw groeien veel verschillende geurige citroenrassen. Tegenwoordig is het een openluchtmuseum, waarvan de tuin 's zomers enkele avonden tot middernacht geopend is. *April–okt. dag. 10–22 uur, nov.–maart onregelmatig geopend (tel. 03 65 95 40 08) | goed bewegwijzerd*

### MUSEO DEL TURISMO

Met veel moeite heeft de gemeente oude foto's, krantenknipsels en nog veel

meer uit de toeristische geschiedenis van Limone sul Garda bijeengebracht in dit kleine museum in het oude centrum. Het is tot laat geopend en de toegang is gratis. Wat wil een mens nog meer? *Maart–okt. dag. 10–22 uur | Via Monsignor Daniele Comboni 3*

### PARCO VILLA BOGHI

Wie even genoeg heeft van de drukte in de smalle straatjes van het oude centrum, kan ontspannen in de verzorgde tuin bij de Villa Boghi. Hier liggen bovendien een klein visserijmuseum en een zeer oude *limonaia* (citroenenkas).

## ETEN & DRINKEN

### INSIDER TIP DALCO

Op het grote terras boven het meer of in de tuin met zwembad geniet je van mediterrane visspecialiteiten en rustieke alpenkost. En van de Monte Baldo bij zonsondergang. Supertrendy, met een snufje loungesfeer en vooral heel smakelijk! *Dag. | Via Prealzo 4a | tel. 0365954635 | €–€€€*

### HOTEL AL RIO SE'

In het kleine hotel even buiten de drukte komen de vaste gasten al decennialang. Op het terras bij het restaurant kun je heel rustig zitten en smullen van lekkere forelfilet met verse salie en boter. *April–okt. dag. | Via Nova 12 | tel. 0365954182 | www.hotelalriose.com | €*

## WINKELEN

### COOPERATIVA AGRICOLA POSSIDENTI OLIVETI

In de winkel van het Genootschap van Olijfgaardeigenaars zijn behalve koudgeperste *olio d'oliva extra vergine* talloze producten als olijven en pasta's te koop. Alle olijven komen direct uit de regio. *Via Campaldo 10 en Via IV Novembre 29 | www.oleificiolimonesulgarda.it*

### FRUTTO DEL GARDA

Zin in citrusfruit? Bezoek dan deze kleine biologische boerderij (graag eerst bellen!). Met liefdevolle handarbeid verzorgt het echtpaar Risatti hier zo'n 150 bomen en verwerkt de vruchten tot marmelade, likeur en siropen. Alles is bio! *Via Campaldo 12 | tel. 3401085019 | www.fruttodelgarda.it*

### MARKT

In het centrum is er van april tot oktober elke dinsdag markt.

## SPORT, RECREATIE & STRAND

Aan de noordkant van de promenade in het oude centrum ligt een klein kiezel-

**MARCO POLO HIGHLIGHTS**

★ **Museo Castello Scaligero in Malcesine**
Het Scaligerikasteel toont tekeningen van Goethe en natuurlijke historie → blz. 36

★ **Funivia Malcesine–Monte Baldo**
Fraai vergezicht uit de glazen cabines van de kabelbaan en op de top → blz. 40

★ **Riva del Garda**
Al een eeuw zien schrijvers en anderen de charme in van dit grotendeels autovrije stadje op de noordoever → blz. 41

★ **Castello di Arco**
Wandel door oude olijfgaarden omhoog naar het kasteel boven Arco → blz. 48

strand en aan de zuidrand van Limone ligt *Spiaggia del Tifù* (beachvolleybal). Ten zuiden van het grote parkeerterrein vind je een groot, gratis kiezelstrand. *Surfing Lino (Spiaggia Foce Fiume San Giovanni | tel. 33 84 09 74 90 | www.surfing lino.com)* biedt catamaranzeil- en windsurfcursussen. Van mei tot oktober organiseert de lokale VVV regelmatig lange of korte wandelingen met een gids. Deze excursies zijn gratis en je hebt routes voor elke smaak, zoals de voettocht naar de berghut Bonaventura Segala (inspannend), de wandeling op het Sentiero del Sole (Zonnepad) en uitstapjes naar olijfgaarden. Informatie in het toeristenbureau en op *www.visitlimonesul garda.com*

## UITGAAN

In Limone sul Garda is het uitgaansleven geen grote aangelegenheid. Na het eten slenteren de bewoners door de straatjes van het oude centrum. Er zijn volop mogelijkheden om een aperol spritz te drinken. 's Zomers vinden er soms concerten plaats.

## VERBLIJF

### GARDA

Camping met een eigen strand. *Via IV Novembre 10 | wijk Fasse sul Lago | tel. 03 65 95 45 50*

### LE PALME

Wie midden in Limone wil verblijven, zit hier goed: Le Palme is gevestigd in een 17de-eeuwse villa (min. 3 nachten). *30 kamers | Via Porto 36 | tel. 03 65 95 46 81 | www.sunhotels.it* | €€–€€€

### RESIDENCE RONCHI

Tussen olijfgaarden boven Limone sul Garda ligt dit kleine, het hele jaar geopende appartementencomplex met zwembad. Mooi uitzicht op het meer; 500 m van de dorpskern. *8 appartementen | Via Milanesa 3a | tel. 03 65 95 46 96 | www.appartamentironchi.com* | €€

### HOTEL SOLE

Midden in het dorp, aan het meer en vlak bij de bootsteiger, beeldschoon uitzicht; vraag om een kamer met meerzicht. *38 kamers | Via Guglielmo Marconi 36 | tel. 03 65 95 40 55 | www.hotelsolelimo ne.com* | €–€€

## TOERISTISCHE INFORMATIE

*Via IV Novembre 29 | tel. 03 65 95 47 20 | www.visitlimonesulgarda.com, www.gar dalombardia.com*

# MALCESINE

(138 B5–6) (*J4*) **Malcesine is met zijn ruim 3700 inwoners een van de geliefdste vakantieoorden aan het meer, waar de prettige, ontspannen sfeer in de pittoreske dorpskern behouden is gebleven.** Stoer troont het ● Scaligerikasteel boven het middeleeuwse centrum uit. Overal vind je pleintjes, overwelfde gangen en smalle stegen die bijna allemaal naar de oude haven voeren. Maar wie alleen langs het meer flaneert, mist de helft, want een bezoek aan het kasteel mag vanwege het mooie uitzicht niemand aan zich voorbij laten gaan.

## SIGHTSEEING

### MUSEO CASTELLO SCALIGERO ★

Het museum in het Scaligerikasteel is modern vormgegeven. In de Goethezaal zie je kopieën van de tekeningen die de schrijver van het Gardameer maakte. Johann Wolfgang von Goethe greep in

het kasteel naar zijn schilderspenselen, wat hem bijna een arrestatie opleverde. Men dacht dat hij een Habsburgse spion was die zich met militaire doeleinden voor het Scaligerikasteel interesseerde. Pas toen hij verklaarde een Frankfurtenaar te zijn, ebde de spanning weg. *April–okt. dag. 9.30–18 uur, nov.–maart wisselende openingstijden*

lina streekgerechten naar oude recepten, zoals gnocchi. *April–nov. dag. | Via San Michele 31 | tel. 34 42 67 76 74 |* €

### RE LEAR

'Koning Lear' is een van de betere restaurants van Malcesine. Binnen zit je onder gewelven, maar niet rustiek, op de kleine piazza ervoor zit je knus. Voor het proefmenu moet een forse €45 worden neergeteld, maar dat is goed besteed. *Di gesloten | Piazza Cavour 23 | tel. 04 57 40 06 16 |* €€€

Een van de mooiste kastelen aan het meer is Castello Scaligero, Malcesine

### PALAZZO DEI CAPITANI DEL LAGO

Dit palazzo bij de haven werd in de 13de eeuw gebouwd door de Scaligeri. De opvallende kantelen lieten de Venetianen toevoegen. Tegenwoordig is hier het raadhuis van Malcesine ondergebracht, waar regelmatig tentoonstellingen worden gehouden; bezoek dan meteen ook de kleine palmentuin aan het meer.

## ETEN & DRINKEN

### CA' DEL TOCIO

In dit kleine droomrestaurant hoog boven het meer bereidt Mamma Angio-

### INSIDER TIP SPECK STUBE

Niet erg authentiek, maar gezinsvriendelijk en gezellig: met zijn biertuin en zelfbediening is de Speck Stube ook bij de *locals* in trek en vormt een groot contrast met de Italiaanse restaurants in Malcesine. De kinderen ravotten graag op de speelplaats. *Maart–okt. dag. | Via Navene Vecchia 139 | tel. 04 57 40 11 77 | www.speckstube.com |* €

## WINKELEN

**INSIDER TIP CONSORZIO OLIVICOLTORI**

Circa 550 kleine boeren brengen hun olijven naar deze oliecoöperatie. In de winkel verkoopt men ook andere lokale producten. *Via Navene 21 | www.oliomalcesine.it*

**MARKT**

Op het plein bij het *municipio* (gemeentehuis) is elke zaterdagochtend markt.

## SPORT, RECREATIE & STRAND

Een veilig voet- en fietspad voert tot Navene, 5 km ten noorden, waar de stranden goed bereikbaar zijn. Aan de voet van het kasteel ligt een kleine zwembaai, bij het strand ten zuiden van de promenade is een ligweide.

Bij het dalstation van de kabelbaan vind je een mountainbikeverhuurder (vanaf €25 per dag), die in hetzelfde pand ook appartementen aanbiedt: *Xtreme (Via Navene Vecchia 10 | tel. 04 57 40 01 05 | www.xtrememalcesine.com)*

De afspringplaats van de parapenters ligt vlak onder het bergstation; informatie bij *Paragliding Malcesine (Via Gardesana 228 | tel. 33 56 11 29 02 | www.paragliding malcesine.it)*. Duovluchten zijn te boeken bij de vliegschool *Fly 2 Fun (tel. 33 49 46 97 57 | www.tandemparagliding.eu)*.

## LOW BUDG€T

Door de wijken van Malcesine, van Navene tot Cassone, rijdt dagelijks van 8–15 en 16–1 uur een *toeristenbus* heen en weer. Een ritje kost maar €1; vooral op marktdagen een aanrader!

In juni en juli vindt in het Trentinese deel van de Gardameerregio de concertreeks *Gardajazz* plaats *(gardajazz.com)*. Naast concerten, zoals in de Rocca van Riva en in het kasteel van Arco, is er ook een Jazz Café. Voor al deze evenementen is de toegang gratis!

## UITGAAN

In de steegjes van Malcesines oude centrum bruist het 's zomers tot omstreeks middernacht.

**ART CAFÉ**

Wie niet altijd wijn of andere alcoholische dranken wil consumeren, kan een milkshake nemen in het chique Art Café. *Piazza Turazza 12*

**OSTERIA SANTO CIELO**

Kleine osteria waar lekkere *bruschette* en kaasplankjes worden geserveerd; daarbij een omvangrijke wijnkaart. De Nederlandse eigenaresse Hella kwam vanwege de liefde naar Italie en bleef om het eten. *Piazza Turazza 11 | tel. 34 87 45 13 45 | www.osteriasantocielo.com*

**PUB VAGABONDO**

Hier praten mountainbikers en kitesurfers tot 3 uur 's nachts over wind en routes. Veel locals. *Via Porta Orientale 1*

## VERBLIJF

Aan de oeverweg richting Navene vind je de ene na de andere camping.

**HOTEL DU LAC**

De kamers in dit elegante hotel bieden grote vensters met uitzicht op het meer. Hotel Du Lac ligt direct aan de

Troef van de noordoever: meer en bergen liggen pal naast elkaar

strandpromenade en is modern, en stijlvol geleid. *37 kamers | Via Gardesana 63 | tel. 04 57 40 01 56 | www.dulac.it | €€€*

### AMBIENTHOTEL PRIMA LUNA

Modern, elegant en toch liefdevol vertrouwd: dit hotel is een must voor design- en architectuurfans. Met een weelderig ontbijt. *38 kamers | Via Gardesana 165 | tel. 04 57 40 03 01 | www.primalunahotel.com | €€–€€€*

### VILLA ALBA

Enkele kamers in de villa bieden prachtig uitzicht over het meer. De uitbaatster heeft een zwak voor motorrijders: in de garage vind je een stalling, hogedrukreinigers en gereedschap, en voor iedereen is er een rijk ontbijtbuffet. *12 kamers | Via Gardesana 196 | tel. 04 57 40 02 77 | www.hotelvillaalba.it | €–€€*

## TOERISTISCHE INFORMATIE

*Via Gardesana 238 | tel. 04 57 40 00 44 | www.malcesinepiu.it*

## IN DE OMGEVING

### BRENZONE EN CASSONE

(138 B6, 142–143 C–D1) (🕮 H–J 4–5)

Rijd je richting het zuiden langs het meer, dan kom je na een paar kilometer bij *Cassone* en dan *Brenzone*, een kluwen van dorpjes tussen Malcesine en Torri del Benaco. In het pittoreske Cassone ontspringt het riviertje de Aril. Het is beroemd om zijn lengte van slechts 175 m en mondt uit in het meer. In de kleine haven ernaast ligt het liefdevol onderhouden visserijmuseum ● *Museo del Lago (di–zo, 's winters alleen zo 10–12 en 15–18 uur).*

De talrijke kleine, oorspronkelijke dorpjes van Brenzone liggen verspreid aan de voet van de Monte Baldo. Mountainbikers en wandelaars komen hier graag, want op de hellingen liggen vele wandelpaden en *downhill trails*. Zo bereik je uitsluitend te voet of op de bike het pittoreske middeleeuwse dorpje INSIDER TIP *Campo,* dat op 230 m praktisch geheel verlaten tussen eeuwenoude olijfgaar-

Het fraaie uitzicht begint voor Monte Baldogangers al in de kabelbaan

den ligt. 's Zomers worden hier culturele evenementen georganiseerd. De wandelpaden beginnen in Marniga en in Castelletto.

Slenter ook eens door de straatjes van *Castello di Brenzone*. Hier is het rustiger dan aan het meer en geniet je van prachtige uitzichten op de westoever.

Mooi aan het strand ligt hotel *Belfiore Park (32 kamers | Via Zanardelli 3 | wijk Porto | tel. 0457420102 | www.consolinihotels.it | €€€)*. Kitesurfers overnachten in het boetiekhotel *Club da Baia (9 kamers | Via 20 Settembre 54 | wijk Magugnano | tel. 3482619383 | www.clubdabaia.com | €–€€)* met een eigen kitesurfschool.

Toeristische informatie: *Via Zanardelli 38 | wijk Porto | tel. 0457420076 | www.brenzone.it*

## EREMO SANTI BENIGNO E CARO

(138 B6) *(J4)*

De woning *(eremo)* van de kluizenaars Benigno en Caro ligt bij de wijk Cassone. Van het tussenstation van de kabelbaan van Malcesine bereik je de kluizenaarswoning op een 2 uur durende wandeling; het pad is bewegwijzerd en goed te vinden. De bijbehorende kerk is slechts enkele dagen per jaar geopend; processies vanuit Malcesine vinden plaats op 12 april, 27 juli, 16 augustus en de derde zondag in oktober.

## FUNIVIA MALCESINE–MONTE BALDO ★

(138 B–C5) *(J4)*

De Monte Baldokabelbaan overbrugt van Malcesine via het tussenstation San Michele tot het bergstation een hoogte van 1700 m. Dit geeft veel tijd om te kijken, wat dubbel de moeite waard is omdat de cabines op het bovenste traject compleet van glas zijn en om hun as draaien. In elk geval is dit uitstapje heel populair, reken op soms lange wachttijden. De enige kans om de file te ontlopen is vroeg opstaan en een van de eerste cabines nemen (op bepaalde tijden worden ook mountainbikes vervoerd). Eenmaal boven aangekomen, wachten panoramaroutes in alle moeilijk-

heidsgraden op wandelaars en mountainbikers. Van juni tot oktober worden diverse evenementen georganiseerd, van genietwandelingen met proeverij tot jazz- en bluesconcerten en foto-exposities (informatie en tickets op de website van de kabelbaan). Heel mooi is de enkele uren durende wandeling op de *Monte Altissimo* en naar de INSIDER TIP *Rifugio Altissimo Damiano Chiesa (tel. 04 64 86 71 30 | www.rifugio altissimo.it)*. Het panorama van de top compenseert voor je inspanningen en in de hut dient waard Danny Zampiccoli lokale specialiteiten op (€). In de Rifugio kan ook worden overnacht: de nachtelijke sterrenhemel is prachtig.

Vlak bij het bergstation ligt de *Baita dei Forti (dag. | tel. 04 57 40 03 19 | www.baitadeiforti.com | €–€€)*, waar de *trittico Baldo* wordt geserveerd, een drieluik van pittige hertengoulash, paddenstoelenragout en polenta. Bovendien kun je ook hier in een van de zes kamers (€–€€) overnachten! 's Avonds heb je de anders drukbezochte berg bijna voor je alleen, en het uitzicht op het nachtelijke meer met de van lichtjes glinsterende oever maakt een verblijf onvergetelijk. *Dag. 8–17/18/19 uur, afhankelijk van het seizoen | retour €20, enkele reis €15, met vervoer mountainbike €20 | www.funivie delbaldo.it*

# RIVA DEL GARDA

**KAART IN HET ACHTEROMSLAG**

(138 C3) (*J2*) **Dit ★ stadje is met zijn 16.000 inwoners de op een na grootste plaats aan het meer en ademt een enigszins Oostenrijkse sfeer.**

Veel Duitstalige toeristen voelen zich bijna thuis als ze vanaf de Brenner hier aankomen. Geen wonder, want de noordoever is vast in Duitse handen, en het pittoresk door water, rotswanden en olijfbomen omlijste Riva del Garda nog het meest. Ondanks de toeristenstroom heeft de plaats zijn charme bewaard. Laat deze fijne mengeling van Italiaans dolce vita en alpiene nuchterheid niet aan je voorbijgaan!

Hoe is dit zo gekomen? In de 19de eeuw ontwikkelde het nog bij Oostenrijk-Hongarije horende Riva zich tot een geliefd kuuroord dat in trek was bij de Habsburgers en later ook Amerikaanse miljonairs en Russische adel. Dit vanwege het milde klimaat, de cultuur en de vele mogelijkheden voor uitstapjes. Daarin is tot op heden weinig veranderd. De plaats is met zijn bruisende voetgangerszone, vele winkels en smalle straatjes een populair reisdoel, zowel bij gezinnen als actieve vakantievierders. De omringende bergen bevredigen de behoeften van mountainbikers en klimmers. Surfers en zeilers genieten van de constante wind en waterratten spelen aan de lange zwemstranden. Bij zonsondergang wordt op de piazza heel Italiaans een *aperitivo* gedronken en na het avondeten een *gelato* gegeten.

## SIGHTSEEING

### BURCHT EN MUSEUM

Wat ooit angst moest aanjagen, komt tegenwoordig vooral romantisch over. In de slotgracht van de 12de-eeuwse, grimmige waterburcht dobberen kleurige vissersboten en laten eendjes zich meevoeren. In de stoere fortificatie vind je het *Museo Alto Garda MAG*, met een schilderijengalerij en een volkskundige verzameling. In de aanloop naar Kerstmis woont de Kerstman hier. *Half maart–mei en okt. di–zo; juni–sept. dag. 10–18 uur | www.museoaltogarda.it*

Boven Alpen, beneden palmen: het charmante Riva del Garda

### CHIESA DELL'INVIOLATA
Dit opvallende, achthoekige godshuis ontstond in de 17de eeuw buiten het oude centrum en geldt als de mooiste barokkerk in de Trentino.

### TORRE APPONALE
Het 34 m hoge symbool van Riva del Garda, de Torre Apponale, dat het op foto's onmiskenbaar maakt, werd in de 13de eeuw gebouwd ter bescherming van de haven. Aan de voet ervan ligt de Piazza III Novembre, het oude stadshart.

## ETEN & DRINKEN

### LA FATTORIA
Het restaurant ligt achter het beursterrein even buiten Riva del Garda en biedt veel ruimte voor gezinnen of grote groepen. Fijn zijn ook de pizza's en de vriendelijke bediening. Er komen veel *locals*, vooral in het weekend. *Dag. | Via Marone 9 | tel. 04 64 55 78 44 |* €€

### LA MONTANARA
De geblokte tafelkleedjes verraden dat hier robuust wordt gekookt, zoals paardenbiefstuk uit Trento en penne met taleggio. *Wo gesloten | Via Montanara 20 | tel. 04 64 55 48 57 |* €–€€

### NUOVO 900 DA LUCIO
Voor het aperitief, een glas wijn of echt avondeten: Novecento is niet alleen een rustiek-chique wijnbar, maar ook een restaurant met een goede huiselijke pot. De gerechten zijn eenvoudig, de keuze is beperkt, maar de kwaliteit is eersteklas. Op donderdag livemuziek. *Wo gesloten | Via Gazzoletti 8 | tel. 04 64 56 76 29 |* €–€€

### PIZZOTECA
Goed pizzadeeg, krokant gebakken en met verse ingrediënten, dat waarderen de Rivanesi, die hier graag komen. Om te smullen is de INSIDER TIP pizza Brisa met eekhoorntjesbrood, buffelmozzarella en rucola. 's Zomers met tafels in een fijne tuin. *'s Winters di gesloten | Viale Baruffaldi 1 | tel. 04 64 52 04 00 |* €

### AL VOLT
Authentiek en idyllisch: een bijzondere belevenis tussen de vele toeristenlokalen is een diner in Al Volt, gehuisvest in een oud palazzo in het centrum van Riva. Echt genieten zijn de meervis en de carpaccio. Bovendien vind je hier goede wijn,

vriendelijke service, liefde voor details en rode tafelkleden. *Ma gesloten | Via Fiume 73 | tel. 0464552570 | www.ristorantealvolt.com* | €€–€€€

## WINKELEN

### AGRARIA
Oliemolen, wijnkelder en delicatessenzaak in één. Neem deel aan een begeleide bezichtiging en/of koop voor de regio typerende lekkernijen. *Wijk San Nazzaro 4 | store.agririva.it*

### ALIMENTARI MORGHEN
Pasta en rijst, groente, koffie, olijven: alles wat zoal in Italiaanse levensmiddelenzaken te krijgen is, met het verschil dat INSIDER TIP alles hier van biologische productie is. En wie heimwee heeft, kan hier volkorenbrood kopen. *Viale Rovereto 101*

### ERRELUCE
Alle chique designerlampen die thuis onbetaalbaar zijn, kosten weliswaar ook hier een flinke duit, maar in deze kleine winkel vind je tevens voordelige aanbiedingen. *Viale dei Tigli 21c*

### MARKT
's Zomers is het elke tweede en vierde woensdag markt op de *Viale Dante*.

## SPORT, RECREATIE & STRAND

Riva del Garda bezit een van de grootste en mooiste gratis toegankelijke stranden aan het Gardameer. Het populaire *Spiaggia Sabbioni* is een mooi kiezelstrand omzoomd door bomen, een bar en kunstmatige zwemeilandjes. Langs de oeverpromenade richting Torbole vind je bovendien het ene strand na het andere. Wie geen eigen fiets heeft, kan er een huren. Naast normale fietsen bieden gespecialiseerde firma's ook sportieve mountainbikes. Langs het strand hebben surf- en zeilscholen een filiaal. En wie zich in de vakantie actief wil ontspannen of alleen laten verwennen, boekt bij Marco Mantegazza van *Fior di Loto (Via Marconi 17 | tel. 464519284 | www.fiordilotothai.com)* in het nabijgelegen Arco een openluchtyogasessie of een Thaise massage.

## UITGAAN

### PUB ALL'OCA
De oudste pub van Riva is dé hotspot van de *locals*. *Dag. | Via Santa Maria 15 | www.puballoca.it*

### RIVA BAR
Legendarisch zijn de cocktails en *aperitivi* met hun overvloedige keuze aan hapjes, van groentestengels tot pizzapuntjes. Overdag wordt in de Riva Bar koffie gedronken. *Dag. | Largo Medaglie d'Oro 1 | www.rivabar.it*

### SAILING BAR
De Sailing Bar is de beste plaats voor een aperol spritz en coole muziek. Het uitzicht van het dakterras is geweldig! *Viale Rovereto 136*

## VERBLIJF

### ACETAIA DEL BALSAMICO TRENTINO
Aan deze moderne *agriturismo* moet je qua bouwstijl even wennen. Toch is het een fijne plek, niet alleen om goede balsamicoazijn te proeven, maar ook typische producten als wijn en kaas. De Acetaia ligt buiten Riva del Garda en biedt een leuk uitzicht op het Gardameer. *7 kamers, 3 suites | Strada di San Zeno 2 | Cologna di Tenno | tel. 0464550064 | www.acetaiadelbalsamico.it* | €€

**HOTEL ANTICO BORGO**
Ideaal voor fans van de oude binnenstad: je hebt de winkels, bars en reuring vlak voor de deur. Toch is dit hotel relatief rustig gelegen. Leuk dakterras. *61 kamers | Via Diaz 15 | tel. 04 64 55 43 67 | www.anticoborgogarda.it* | €€

**LIDO PALACE**
Het compleet gerenoveerde vijfsterrenhotel met een eigen park aan de meeroever, na zijn opening in 1899 ooit de lieveling van de adel en daarna vervallen, is nu weer het paradepaardje. *28 kamers | Viale Carducci 10 | tel. 04 64 02 18 99 | www.lido-palace.it* | €€€

**OSTELLO BENACUS**
Hostel op drie etages met twee tweepersoonskamers en twee vierpersoonskamers met eigen badkamer en meerpersoonskamers met afsluitbare kasten. *Piazza Cavour 14 | tel. 04 64 55 49 11 | www.ostelloriva.com* | €

**VILLA MARIA**
Dit kleine pension op wandelafstand van het oude centrum biedt een rustig verblijf, mits je een kamer aan de achterzijde vraagt. De kamers zelf zijn doorsnee, maar de vriendelijke service geeft de doorslag. Ontbijt met fruit en gebak. *10 kamers | Viale dei Tigli 19 | tel. 04 64 55 22 88 | www.garnimaria.com* | €

## TOERISTISCHE INFORMATIE

*Largo Medaglie d'Oro al Valor Militare 5 | tel. 04 64 55 44 44 | www.gardatrentino.it*

## IN DE OMGEVING

**CASCATA DEL VARONE**
(138 B3) *(J2)*
Het water dat in het Lago di Tenno nog kalm glinstert, stroomt hier 100 m met een behoorlijk geraas in het dal. De rondgang is vrij kort, maar indrukwekkend, luid en zeer nat (neem regengoed mee!). *Maart en okt. dag. 9–17, april en sept. 9–18 uur, mei–aug. 9–19 uur, nov.–feb. zo 10–17 uur | www.cascata-varone.com*

**LAGO DI LEDRO** (138 A–B3) *(H2)*
Is het beneden vol en warm, dan loont een uitstapje naar een hoger niveau. Met een afstand van 10 km is de excursie naar het Lago di Ledro ook goed per bus te doen. Op de hoogvlakte van het Ledrodal *(www.vallediledro.com)* en aan het gelijknamige meer is het niet alleen een paar graden koeler, maar heb je bovendien het *Museo delle Palafitte* (blz. 117) in Molina di Ledro. Aan het eind van het dal ligt bij een mooi strand *Hotel Garni Minigolf (12 kamers | Viale Foletto 3 | Pieve di Ledro | tel. 04 64 59 21 37 | www.garniminigolf.it | €)*. Probeer in de chic-rustieke berghut *Baita Santa Lucia (ma gesloten | Via Santa Lucia 36 | Bezzecca | tel. 04 64 59 12 90 | www.vallediledro.com/baita | €€)* eens een typisch Trentinees gerecht als gerstsoep of huisgemaakte pasta.

**TENNO EN LAGO DI TENNO**
(138 B–C 2–3) *(J2)*
Een bochtige weg voert 6 km omhoog naar Tenno. Bij de dorpstoegang loont een bezoekje aan familie Frizzi in het *Ristorante Castello (wo gesloten | Via Castello 3 | tel. 04 64 50 06 38 | €)* met INSIDER TIP goede *carne salada*. Vanuit Tenno kun je op het *Sentiero del Salt* een mooie wandeling maken naar INSIDER TIP *Canale di Tenno*, een middeleeuwse, keurig opgepoetste plaats.
Enkele kilometers verder met de auto bereik je het *Lago di Tenno*, een donkergroen bergmeer met een klein zwemstrand. Wie in alle rust wil genieten van de ongerepte natuur aan het Tennomeer,

kan overnachten in een van de zes familieappartementen in *Al Trovante (wijk Lago di Tenno 6 | tel. 04 64 50 21 55 | www.altrovante.com | €€).*

# TORBOLE

(138 C3–4) *(J2)* **Het 900 inwoners tellende dorp Torbole (uitspraak met de klemtoon op de eerste o) is jong, vrolijk en gek op wind. Daarvan is er namelijk meer dan genoeg, en hij waait ook nog constant. Dat wordt vooral door surfers gewaardeerd.**

Waar ooit een paar bonte vissershuisjes idyllisch tussen het meer en de rotsen lagen, rijzen tussen de olijfbomen tegenwoordig hotels in alle prijsklassen op. De historierijke dorpskern is klein en overzichtelijk. Mountainbikers en vooral surfers hebben Torbole stevig in handen. Dat weerspiegelt zich in het uitgaansleven. Als ze ergens aan het noordelijke Gardameer graag feesten, dan is het hier.

## SIGHTSEEING

### CASA DEL DAZIO

Het gele huisje uit de 18de eeuw in de kleine haven is voor veel mensen het symbool van Torbole. In het pand werd tol geheven, want tot het eind van de Eerste Wereldoorlog liep de grens tussen Oostenrijk en Italië door Torbole.

### SANT'ANDREAKERK

De weg naar de Sant'Andrea-kerk is smal en steil, maar loont de moeite vanwege het mooie uitzicht op het meer. De eenvoudige romaanse kerk uit de 12de eeuw werd in de barok herbouwd. Voor het realistische altaarstuk hebben waarschijnlijk inwoners model gestaan.

Mediterrane sfeer en alpiene natuur in surferswalhalla Torbole

## ETEN & DRINKEN

### RISTORANTE BENACO

De grandioze locatie aan het meer doet een toeristenval vrezen, maar dat is het niet. Dit lokaal heeft een lange traditie en ademt een mediterrane sfeer. In het hotel hangt een bezienswaardige INSIDER TIP collectie schilderijen van alle kunstenaars die hier ooit hebben overnacht. *Dag. | Via Benaco 35 | tel. 0464505364 | www.onbenaco.com |* €–€€

### HOTEL CENTRALE

Hier wordt heel goed gekookt, uiteenlopend van vis tot pizza. De gasten zitten leuk onder een grote luifel en met uitzicht op de piazza. *Wo gesloten | Piazza Goethe 13 | tel. 0464505234 | www.hotelcentraletorbole.it |* €€

### BAR ALLA SEGA

Panoramischer kan niet! Wie hier op het terras achter glas zijn panino eet, kan in maart zijn trui al uittrekken en genieten van een uitzicht op het meer en de 2000 m hoge bergen. *Maart–okt. dag. | Via Passeggiata dell'Ora 1*

### SURFERS GRILL

Hongerige surfers bezoeken massaal dit populaire restaurant, waar (de naam zegt het al) hoofdzakelijk grillspecialiteiten op tafel komen. *Ma gesloten | Via Sarca Vecchio 5 | tel. 0464505930 | www.surfersgrill.it |* €€

### LA TERRAZZA

Op zijn mooist is dit verfijnde restaurant 's avonds: bij de (niet bepaald goedkope) visspecialiteiten krijg je de wondermooie zonsondergang geheel gratis. Tijdig reserveren is aanbevolen. *Di gesloten | Via Benaco 24 | tel. 0464506083 | www.allaterrazza.com |* €€€

### VILLA CIAN

Hier komt een jongere clientèle pizza of pasta eten bij een fantastisch uitzicht op het meer. Volop partylife. *Di gesloten | Via Sarca Vecchio 11 | tel. 0464505254 | www.villaciantorbole.it |* €€

## SPORT, RECREATIE & STRAND

In de nabijheid van de dorpskern begint een lang, gratis kiezelstrand dat zich uitstrekt tot aan de Monte Brione. Fietsverhuurders zijn in Torbole al even talrijk aanwezig als surfscholen en -plankverhuurders, bijvoorbeeld *Shaka Surf Center (wijk Conca d'Oro | www.shakasurfcenter.com), Vasco Renna Surf (www.vascorenna.com)* aan de jachthaven en *Surf-Segnana (Foci del Sarca | www.surfsegnana.it).*

In het moderne wellnesscentrum *Garda Thermae (sterk wisselende openingstijden en prijzen | Via Linfano 52 | www.gardathermae.it)* borrelt heilzaam thermaal water op. Bij het complex horen drie zwembassins, diverse sauna's, een salon met schoonheidsbehandelingen, een medische spa en een fitnessruimte.

Een leuk excursiedoel voor gezinnen is het sportpark INSIDER TIP *Busatte Parco Avventura (www.busatteadventure.it)* in de bergen boven Torbole te midden van een altijdgroene vegetatie. Erbij horen een BMX-circuit, een mountainbikepark, een tokkeltuin, een grote ligweide, een speelterrein en een restaurant, ideaal voor (groot)ouders die de dag ontspannen willen aanpakken en het kroost liever in de gaten houden onder het genot van een cappuccino of een *birra*.

Op luttele meters afstand begint het panoramapad van Busatte naar Tempesta. Met ijzeren laddertjes en treden in de rotsen is dit geen echte klimroute, maar je moet geen last hebben van hoogtevrees. Terug gaat het per lijnbus.

Restaurant Hotel Centrale biedt pizza en *pesce* op een toplocatie aan de piazza in Torbole

## UITGAAN

De scene treft elkaar na zonsondergang bij het barhopping, om te beginnen in de *Aurora Bar (Via Matteotti 55)* met zijn kleurige zitzakken en zonneschermen. Dan gaat het verder in de door iedereen aanbevolen *Wind's Bar (Via Matteotti 9 | www.windsbar.com)*, of omgekeerd. Vooral in de weekends is de *Cutty Sark Pub (Via Pontalti 2)* een absolute hotspot.

## VERBLIJF

### CASA BERTOLINI

In drie verschillende huizen worden door Casa Bertolini woningen en appartementen verhuurd. Heel aantrekkelijk is het moderne, kleine INSIDER TIP Casa 3 in een park aan de rivier de Sarca. *Via Pasubio 10 | tel. 0464505277 | www.casabertolini.com |* €€

### CAMPING

Omdat surfers hun geld liever aan een nieuwe plank besteden dan aan een duur hotel, gaan velen met een camper of tent. Daarom vind je in Torbole een hele rits kampeerterreinen, zoals de *Camping Europa (tel. 0464505888 | www.campingeuropatorbole.it), Camping Maroadi (tel. 0464505175 | www.campingmaroadi.it)* en de eenvoudiger terreinen *Camping al Cor (tel. 0464505222 | www.camping-al-cor.com)* en *Camping Al Porto (tel. 0464505891 | www.campingalporto.it).*

### 'AKTIVHOTEL' SANTA LUCIA

Sporters voelen zich hier thuis, en niet alleen dankzij het overvloedige ontbijtbuffet. Santa Lucia ligt iets buiten de drukte en is een ideaal beginpunt voor veel mountainbike-, wandel- of surftochten. *36 kamers | Via Santa Lucia 6 | tel. 0464505140 | www.aktivhotel.it |* €€

## HOTEL SANTONI

Freestylehotel waar vooral actieve types zich thuisvoelen. Ontbijten doe je relaxed tot 11 uur en er worden veel extra's geboden, zoals gratis tochten met een gids. *36 kamers | Via Strada Granda 6 | tel. 04 64 50 59 66 | www.hotelsantoni.com |* €€–€€€

Voor wie graag tegen muren op loopt biedt Arco de beroemde Colodriwand

## VILLA EMMA

Villa Emma met zijn eenvoudige, door een familie gedreven hotel overtuigt door de prima prijs-kwaliteitverhouding. De eigen pizzeria is in trek bij de *locals*. *14 kamers | Via Coize 39 | tel. 04 64 50 57 28 | www.villa-emma.com |* €

## VILLA STELLA

Hier wacht gasten een hartelijk welkom van eigenaresse Angelica. Rustig gelegen accommodatie; in de tuin met zwembad komen mountainbikers en anderen tot rust. Fietsen beschikbaar. *44 kamers | Via Strada Granda 104 | tel. 04 64 50 53 54 | www.villastella.it |* €€

## TOERISTISCHE INFORMATIE

*Lungolago Conca d'Oro 25 | tel. 04 64 50 51 77 | www.gardatrentino.it*

## IN DE OMGEVING

**ARCO** (138 C3) *(J2)*

Bergsporters en andere vakantievierders die van rust houden, bezoeken het 6 km verder gelegen stadje Arco (18.000 inwoners) met zijn historierijke centrum en het erboven op een machtige rots tronende kasteel. Op de 300 m hoge Colodriwand ten noorden van het kasteel liggen legendarische klimgebieden en een INSIDER TIP klimpad. Lokale berggidsclubs en alpinismescholen bieden begeleide tochten, canyoning en klimcursussen aan.

De auto zet je het best op parkeerterrein *Foro Boario* direct in het centrum. Slenter door de voetgangerszone met de tal loze sportzaken, bars en ijssalons – bijzonder lekker ijs biedt *Tarifa (Via Giovanni Segantini 51)*. Loop dan in ongeveer 20 minuten door de smalle straatjes van het oude centrum en fijne olijfgaarden omhoog naar het ★ *Castello di Arco (dag. 10–16 uur, april–sept.tot 19 uur)*. Tot het toernooiplein met het grandioze uitzicht is de toegang gratis. Op de terugweg kun je een pauze inlassen in het *Parco Arciducale (april–sept. dag. 8–19 uur, okt.–maart 9–16 uur | www.gardatrentino.it/it/lago-di-garda)*, waar in de kleine vijver schildpadden zonnen. De botanische tuin met deels exotische bomen en struiken liet de Habsburgse aartshertog rond 1900 planten.

Op de weg terug naar het centrum kom je langs het casino, de voormalige vermaakstempel van de hoge adel, waar ook keizerin Sissi ooit haar beste dansbeen voorzette. Tegenwoordig kun je op de veranda van het INSIDER TIP *Caffè Casinò (Viale delle Palme 6 | www.caffecasinoarco.it)* heel degelijk een cappuccino drinken of aansterken met een panino. Aan de overkant bevindt zich het *toeristenbureau (Viale delle Palme 1 | tel. 04 64 53 22 55 | www.gardatrentino.it).* Klimmers ontmoeten elkaar in het *Caffè Conti d'Arco (do gesloten | Piazza Prospero Marchetti 3)* en mountainbikers in het *Caffè Trentino (Piazza III Novembre 10 | www.caffetrentino.com).* Wie liefst vleesloos eet, reserveert (!) een tafeltje in het INSIDER TIP veganistische restaurant *Veganima (wo gesloten | Viale Magnolie 29 | tel. 04 64 51 97 64 | €).* Erg smakelijk zijn de groentecurry's en de ricottacheesecake.
In *Garni on the Rock (19 kamers | Vicolo Ere 23 | tel. 04 64 51 68 25 | www.garniontherock.com | €€)* op de kasteelrots verblijf je chic in compleet wit ingerichte kamers. Bij de seminars in het boeddhistische centrum *Kushi Ling (wijk Laghel 19 | www.kushi-ling.com)* boven Arco vinden vakantiegangers zichzelf terug.

## MARMITTE DEI GIGANTI
(138 C3) (*J2*)

Of de Marmitte dei Giganti eruitzien als enorme pannen waaruit reuzen hun dorst lessen, zoals de naam suggereert, is de vraag. In ieder geval vormen deze in de ijstijd ontstane gletsjermolens imposante rotsformaties. Door de kracht van het smeltwater hebben zand en kiezels hier grote holtes uitgeslepen in de rotsen. De Marmitte dei Giganti zijn te bereiken op een circa 15–30 minuten in beslag nemend wandelpad vanuit Torbole; volg achter Hotel Vela de Via Strada Granda. De deels overhangende rotsen zijn bovendien aantrekkelijk voor klimmers.

## MAROCCHE DI DRO (139 D2) (*K1*)

Deze spectaculaire, in de ijstijd ontstane steenwoestijn ligt ruim 15 km noordelijk van Torbole bij het gehucht Dro. Op enkele steenbrokken zijn dinosauriërsporen te zien. Interessant zijn ook de vele plantensoorten die zich hebben aangepast aan het rotsige leefgebied. Vanuit Torbole voert een mooie fietstocht naar deze biotoop.

## MONTE BRIONE (138 C3) (*J2*)

De imposante, 376 m hoge kalkrichel van de Monte Brione scheidt Torbole van Riva del Garda. Wandelpaden voeren omhoog. Boven ligt het merkwaardigste uitkijkpunt van het Gardameer: een in 1860 door de Oostenrijkers gebouwde bunker.

## NAGO (138 C3) (*J2*)

In het tegen Torbole aan gelegen Nago ligt de ruïne van *Castello Penede.* Vanwege de strategisch belangrijke ligging werd het kasteel rond 1700 door het Franse leger verwoest. Het complex omvatte een kruit- en wachttoren en een ophaalbrug. Om het te bezichtigen volg je een panoramapad van de vesting Nago naar de gerestaureerde ruïne. Alleen om het uitzicht op het Gardameer is de route al de moeite waard.
Het ruim 100 jaar oude, ooit traditionele *Eco Hotel Zanella (33 kamers | Via Sighele 1 | tel. 04 64 50 51 54 | www.ecohotelzanella.com | €–€€)* in de dorpskern heeft zich als ecohotel weer op de kaart gezet. Op de ontbijttafel staan lokale producten; zeep en douchecrème zijn vervaardigd uit natuurlijke ingrediënten die ecologisch afbreekbaar zijn, enzovoort. Op de binnenplaats ligt een klein zwembad.

# OOSTOEVER

**Als je Gardameerfans naar de 'beste kant' vraagt, is dat ongeveer hetzelfde als een Gouwenaar of Leerdammer vragen waar de beste kaas vandaan komt. Beiden zweren bij hun stad, alleen daar is het authentiek en echt. Zo gaat het ook aan het Gardameer. Maak je echter geen zorgen: overal is het even prachtig. En overal raken bezoekers onder de indruk van het uitzicht.**

'Olijvenrivièra' noemt zich de oostoever ook wel: zo ver het oog reikt glanzen de zilverig-groene blaadjes in het zonlicht. Voor alle soorten olijfboeren, ook hobbytuiniers, valt de oogsttijd aan het eind van de herfst. Van groot tot klein helpt iedereen mee als de, afhankelijk van het rijpingsstadium, groene of zwarte vruchten met stokken en speciale schudapparaten van de bomen worden gehaald en met de hand worden verzameld. En wie geen olijfbomen heeft, bezit wellicht nog wel een paar wijnstokken, verder naar het zuiden in ieder geval.

De oostoever van het Gardameer laat zich gemakkelijk verkennen over de kustweg Gardesana Orientale. De smalle weg verbindt het noordelijke Torbole met Torri del Benaco, dat zich concentreert rond de oude haven, en het bedrijvige Garda met Bardolino, de grootste plaats aan de oostoever, en het kleine, middeleeuwse Lazise. Het is een aantrekkelijke rit, met veel cultuur, enkele Scaligerikastelen en mooie Venetiaanse palazzi. Maar trek er voldoende tijd voor uit, want vooral in het hoogseizoen wordt de Gardesana zeer druk gebruikt.

 Foto: wijnbouwgebied Bardolino

Oude stadscentra en pretparken: de 'Olijvenrivièra' op de Veneto-oever had net zo goed Wijnrivièra kunnen heten

# BARDOLINO

**KAART IN HET ACHTEROMSLAG**

(142 C3) (*🕮 H6*) **Bardolino is een van de bekendste plaatsen (6900 inwoners) aan het Gardameer, hier kent het toerisme een lange traditie.**

En ook degenen bij wie het Gardameer niet bekend is, hebben de naam Bardolino misschien gehoord, want zo heet ook de wijn die in de glooiende heuvels achter de plaats wordt geproduceerd. Bardolino ligt aan de zuidoostoever van het Gardameer. Deze landstreek was al bewoond in de bronstijd. De Romeinen stichtten hier een stad. In de middeleeuwen was Bardolino een vrije gemeente tijdens de heerschappij van de Scaligeri. Bardolino bezit een grotere oude kern dan de andere plaatsen aan de Olijvenrivièra, met bredere stegen en winkels die bijna tot middernacht geopend zijn. De drukte blijft beperkt tot de zomermaanden, in september is het al veel rustiger en oorspronkelijker.

Van een ontroerende eenvoud is de San Severo, waar pracht en praal niet passen

## SIGHTSEEING

### MUSEO DELL'OLIO
In de wijk Cisano, 2 km ten zuiden, kun je je in het Museo dell'Olio niet alleen uitgebreid laten informeren hoe olijfolie wordt gemaakt, maar ook goede waren van de producent kopen. Mis de video film niet (ook in het Nederlands). *Ma–za 9–12.30 en 14.30–19 uur, zo 9–12.30 uur | Via Peschiera 54 | www.museum.it*

### MUSEO DEL VINO ●
Op het familiewijngoed runt Gaetano Zeni een museum dat de wijnproductie verheldert. Tot slot van de rondgang kun je de wijn natuurlijk ook proeven en kopen. *Half maart–okt. dag. 9–12.30 en 14.30–19 uur | Via Costabella 9 | www.museodelvino.it*

### PIAZZA MATTEOTTI ★
Het hoofdplein van Bardolino bruist van het leven. De piazza heeft nog het meest weg van een verbrede straat tussen de neoclassicistische parochiekerk San Nicolò en de meeroever. Er liggen bars, cafés en ijssalons. 's Avonds flaneren de *locals* en vakantiegangers af en aan. *Fare le vasche* noemen de Italianen dat, 'baantjes trekken'.

### SAN SEVEROKERK
De kleine San Severokerk aan de doorgaande weg werd na de aardbeving van 1117 in romaanse stijl herbouwd. Resten van een eerder bouwwerk (rond 800) zijn nog te zien. Heel mooi in het harmonieuze godshuis zijn de verbleekte, grotendeels bewaard gebleven 12de-eeuwse fresco's, die ooit het gehele interieur bedekten.

### VILLA'S
Bardolino heeft ook een aristocratische kant. Tijdens een wandeling langs de adellijke landgoederen waan je je in de vorige eeuw. Midden in het oude centrum ligt in een particulier park de *Villa Guerrieri Rizzardi*, die bij de gelijknamige

wijnmakerij hoort. De *Villa Carrara Bottagisio*, met het aanlokkelijke aangrenzende stadspark, ligt direct naast de gele *Villa delle Magnolie* (particulier) en de evenmin voor publiek geopende *Villa delle Rose*.

## ETEN & DRINKEN

### AL CARDELLINO

De familie Modena zorgt gezamenlijk voor zijn gasten. Mama Rosa maakt de pasta met de hand, papa Aldo is de visexpert. Bij het restaurant horen zes kleine appartementen en een mooie tuin. *Di gesloten | Via Pralesi 16 | wijk Cisano | tel. 04 56 22 90 48 | www.alcardellino.it |* €€–€€€

### IL GIARDINO DELLE ESPERIDI

Hier komen gerechten met een speciaal tintje op tafel. Voor- en hoofdgerechten zijn heerlijk, maar de absolute topper is de chocobol. Beslist reserveren! *Wo-middag en di gesloten | Via Mameli 1 | tel. 04 56 21 04 77 | www.ilgiardinodelleesperidi.it |* €€€

### LA LOGGIA RAMBALDI

Op het grote terras voor het historierijke Palazzo Rambaldi met uitzicht op het meer smaken de pasta, vis- en vleesgerechten allemaal even goed. De bijbehorende bar is het trefpunt van de scene. *Di gesloten | Piazza Principe Amedeo 7 | tel. 04 56 21 00 91 | www.laloggiarambaldi.it |* €€

### DA MEMO

In dit rustige hoekje van het oude centrum zit je buiten even aangenaam als in het 16de-eeuwse gebouw. Een van de specialiteiten van Da Memo is baars in een zoutkorst. *Wo gesloten | Piazza Statuto 15 | tel. 04 57 21 01 30 | www.tavernadamemo.com |* €€

### VILLA CALICANTUS

In de kleinste wijnmakerij van Bardolino produceren Daniele en zijn vrouw in een antiek gebouw biologische wijnen. Er zijn rondleidingen en een weelderige proeverij met zelfgemaakte en regionale producten *(€30 per persoon)*. Heel romantisch is een INSIDER TIP proeverij bij volle maan. *Calmasino di Bardolino | Via Concordia 13 | tel. 34 03 66 67 40 | www.villacalicantus.it*

## WINKELEN

### CANTINE LENOTTI

Dit familiebedrijf maakt al wijn sinds 1906. Onder de merknaam 'Le Selezioni

**MARCO POLO HIGHLIGHTS**

★ **Piazza Matteotti in Bardolino**
's Avonds bruist deze piazza aan het meer van het leven → blz. 52

★ **Orto Botanico di Monte Baldo**
Op 1200 m hoogte groeit een bijzondere flora met vele rariteiten → blz. 59

★ **Madonna della Coronakerk**
Dit 774 m hoog gelegen bedevaartsoord is een spectaculair rustpunt → blz. 59

★ **Punta San Vigilio**
Mooi plekje aan het meer met een exclusief zwemstrand en een fijn restaurant → blz. 60

★ **Arena di Verona**
In het goed bewaarde Romeinse amfitheater vinden spectaculaire opera's en popconcerten plaats → blz. 65

di Lenotti' worden uitstekende, niet bepaald goedkope wijnen aangeboden, maar er zijn ook betaalbare tafelwijnen. *Via Santa Cristina 1 | www.lenotti.it*

### MARKT

Elke donderdag is er markt, een van de grootste aan het meer.

## SPORT, RECREATIE & STRAND

In Bardolino zelf kun je niet goed zwemmen, maar ten noorden en zuiden van het oude centrum strekken zich langs de oever enkele stranden uit. De dichtst bij het centrum gelegen zwemmogelijkheid is de *Punta Cornicello.* Het kleine gratis kiezelstrand bij de Via Ugo Foscolo omvat ook een kinderspeelplaats. De beste zwemmogelijkheid heb je in feite vanaf de boot, bijvoorbeeld op INSIDER TIP een historische tweemaster die in de 19de eeuw dienstdeed als vissersboot. Kapitein Aldo Giarbini zeilt vakantiegangers met zin voor romantiek al 25 jaar tijdens een vier uur durende tocht het ruime sop van het meer op: *Europlan Reservation Service | ma–vr 8.30 uur en 14 uur | €35 | Via Mirabello 15 | tel. 0456209444 | www.europlan.it*

Vanuit Bardolino voert een prachtig aangelegde oeverpromenade naar het noordelijk gelegen Garda en het zuidelijk gelegen Lazise. Op in totaal 10 km leven joggers, wandelaars, fietsers en zelfs skaters zich hier uit. Vergeet je zwemspullen niet, onderweg zijn er volop strandjes. Een afwisselend uitstapje brengt je in ongeveer een uur naar Garda. Bij het einde van de plaats verlaat de weg kort de meeroever en loopt landinwaarts verder. Oriënteer je op het rode huis! Veel hotels verhuren fietsen, of ga naar het *Bicicaffe (Via Mirabello 3 | tel. 3282555552 | www.gardabikerental.it).*

## LOW BUDG€T

Wie zijn Gardaland-ticket online boekt *(www.gardaland.it)* en print, kan tot €8 besparen. En wie het attractiepark 's avonds vanaf 18 uur bezoekt, betaalt niet alleen minder, maar wacht ook korter.

Bergsport- en outdoorkleding voor flink gereduceerde prijzen vind je bij de *outlet Salewa (di–za 9–12.30 en 15–19.30 uur | Via 1° Maggio 26)* in Bussolengo, tussen Lazise en Verona.

## UITGAAN

### HOLLYWOOD

In deze legendarische discotheek hebben de Simple Minds al een nachtje doorgehaald. In de *Main Room* bonken houseritmes, in de *Privee Smoking Joy* klinkt livemuziek en aan de rand van het zwembad smullen de gasten in het *Sinatra Restaurant.* Met minimaal 12 cm hoge hakken aan krijgen vrouwen gratis entree. *April–okt. wo, vr–zo vanaf 21.30 uur tot laat | Via Montavoletta 11 | www.hollywood.it*

### CONCERTEN

In hartje zomer wordt elke woensdag om 21.30 uur voor de San Nicolòkerk op de Piazza Matteotti klassieke muziek uitgevoerd. In de kerk vinden van juli tot september klassieke concerten plaats. *www.filarmonicabardolino.it*

### NEW YORK BAR

Vergeet je dansschoenen niet. Menige nachtvlinder zal blij zijn, want uit de hippe Primo Life Club is de nog hippere New York Bar ontstaan. Vooral op zaterdag

gaat het hier helemaal los. *Do–zo 21–4 uur | Via Marconi 14*

## VERBLIJF

### CAESIUS THERME & SPA RESORT

Ayurveda aan het Gardameer, dat geloof je niet? Laat je dan in dit spacomplex in Cisano door dokter Pomari en zijn team introduceren tot de Indiase geneeskunde. Ook overtuigde vleeseters zullen hun biefstuk niet missen. *185 kamers | Via Peschiera 3 | tel. 04 57 21 91 00 | www.hotelcaesiusterme.com* | €€€

### HOTEL QUATTRO STAGIONI

Een echt grandioos hotel, geleid door een familie. Het is bijzonder in trek sinds enkele jaren geleden in de tuin een zwembad is aangelegd – zo centraal in het oude centrum is dat verder in Bardolino niet te vinden. *36 kamers | Borgo Garibaldi 23 | tel. 04 57 21 00 36 | www.hotel4stagioni.com* | €€–€€€

In hartje zomer wordt de Piazza Matteotti op woensdag een openluchtconcertzaal

### CAMPING CISANO

De gasten van het kampeerterrein in de wijk Cisano staan maar liefst meerdere zwembaden ter beschikking, en dat terwijl de camping aan het meer ligt. *Via Peschiera 48 | tel. 04 56 22 90 98 | www.camping-cisano.it*

### CAMPING SERENELLA

Kampeerterrein met een gezellige ambiance onder olijfbomen en als klap op de vuurpijl parasailing in het lokale waterskicentrum. *Wijk Mezzariva 19 | tel. 04 57 21 13 33 | www.camping-serenella.it*

### AGRITURISMO TRE COLLINE

In het binnenland 5 km van Bardolino ligt dit familiebedrijf: een vakantieboerderij met appartementen, een kleine camping in de wijnheuvels en een zwembad. Een solarinstallatie produceert alle stroom

voor eigen gebruik en verwarmt het water. Op aanvraag proeverijen van landbouwproducten; de mousserende rosé Costa Rosa vormt een geweldig aperitief. *Wijk Palù 26 | tel. 04 57 23 52 19 | www.trecollinebardolino.it | €€*

### LA ZERLA

In het heuvelige achterland 3 km van Bardolino ligt *agriturismo* La Zerla, een gerestaureerde, 19de-eeuwse boerderij. Met veel enthousiasme leiden de broers Germano en Ivano Andreoli het familiebedrijf. De kamers zijn niet heel ruim en schoon. Ontbijten kan vanaf 8.30 uur. *15 kamers | wijk Ca' Bottura 3a | tel. 04 56 21 12 99 | www.lazerla.it | €–€€*

## TOERISTISCHE INFORMATIE

*Piazzale Aldo Moro 5 | tel. 04 57 21 00 78 | www.comune.bardolino.vr.it*

## IN DE OMGEVING

### STRADA DEL VINO

(142–143 C–D 3–5) *(🕮 H–J 6–8)*
Van deze autoroute zal de chauffeur helaas niet volop kunnen genieten ... De Wijnroute begint iets ten noorden van Bardolino bij Costermano en voert via Affi, Pastrengo en Castelnuovo richting Peschiera. Bij meer dan 70 wijngoederen, restaurants en accommodaties langs de Strada del Vino kun je volop genieten, wijn proeven en kopen. *www.ilbardolino.com/strada-del-vino*

# GARDA

(142 C3) *(🕮 H6)* **Het aan de zuidoostoever gelegen Garda telt 4000 inwoners en strekt zich uit langs de brede baai tussen Punta San Vigilio en de rots Rocca di Garda.**

In het charmante, autovrije oude centrum flaneren *locals* en bezoekers even graag. Aan de oever van het meer probeert een hele rits cafés gasten binnen te halen. De steegjes van het oude centrum zijn nauw, op de hoofdaders heerst soms een grote drukte, maar als je een keer afslaat en wegdwaalt van de winkels, vallen er nog rustige hoekjes te ontdekken. 's Avonds wordt het dan stiller, gezellig zit je in de cafés aan de Lungolago, hier 'Regina Adelaide' geheten, naar koningin Adelheid van Bourgondië. De vorstin zat hier ruim 1000 jaar geleden gevangen. Al in 768 werd Garda door Karel de Grote verheven tot een graafschap. Sindsdien droeg het meer de naam van dit oord en niet meer de Latijnse benaming Benacus. Op de Rocca boven het meer lag het kasteel waar Adelheid gevangen zat. Tegenwoordig resteren er alleen nog wat ruïnes.
Naast het geschiedenis ademende centrum met tal van liefdevol gerestaureerde palazzi lokt de weidse omgeving van Garda met zijn weelderige mediterrane vegetatie ook natuurliefhebbers. In de heuvels hebben zich bovendien oude kloosters, boerenhoeves en herenhuizen genesteld die je op lange wandelingen kunt ontdekken.

## SIGHTSEEING

### ROCCA DI GARDA

De Rocca di Garda is een markante, circa 200 m boven de oostoever uitstekende heuvel. Boven heb je een leuk uitzicht op Garda en de Punta San Vigilio. Op de tegenwoordig beboste hoogte lag 1000 jaar geleden de vesting waar koningin Adelheid gevangen zat. Van het kasteel is op een hoop stenen na niet veel over. Achter de kerk Santa Maria Maggiore voert een bewegwijzerd pad omhoog naar het kasteel.

### SANTA MARIA MAGGIORE
De parochiekerk van Garda ligt buiten de oude stadsmuren. Vermoedelijk was de Longobardische voorganger uit de 8ste eeuw de kasteelkapel, want de kerk ligt onder aan de Rocca. Bezienswaardig is de mooie INSIDER TIP 15de-eeuwse kruisgang. *Piazzale Roma*

### VILLA ALBERTINI
De donkerrode villa bij de noordelijke toegang tot Garda met zijn markante, neoghibellijnse kanteeltorentjes en toegangspoort kan niet over het hoofd worden gezien. De villa is alleen vanbuiten te bezichtigen.

## ETEN & DRINKEN

### AI BEATI
Dit restaurant ligt boven op de berg, op de weg naar Costermano ga je linksaf. Een idyllische locatie, een tikje chic-defriemel en exclusief eten voor hoge prijzen. Wie een leuke avond wil doorbrengen in een bijzondere ambiance (korte broek en/of sandalen niet toegestaan) zal hier beslist blij worden. *Wo-middag en di, juli/aug. di- en do-middag gesloten | Via Val Mora 57 | tel. 04 57 25 57 80 | www.ristoranteaibeati.com* | €€€

### RISTORANTE GIARDINETTO
Even buiten de drukte, maar pal aan het meer eet je hier de lekkerste visgerechten, zoals spaghetti met kreeft. *Dag. | Lungolago Regina Adelaide 27 | tel. 04 57 25 50 51 | www.hotel-giardinetto.it* | €€€

## WINKELEN

### INSIDER TIP LA BOTTEGA DELLA PASTA
Hier draait het om pasta. Wat voor Italiaanse huisvrouwen heel gewoon is, is voor veel toeristen een attractie: een winkel met alleen verse, huisgemaakte pasta. Tot de specialiteiten van de winkel

Bij de toegang tot Garda ligt de Villa Albertini met zijn opvallende kanteeltorentjes

in het 4 km ten oosten van Garda gelegen Costermano behoren uiteenlopend gevulde tortellini en tortelli. *Via San Giuseppe Artigiano 2b*

### COOPERATIVA FRA PESCATORI

In de visserscoöperatie wordt zeer verse meervis aangeboden. *Dag. 6.30–12.30 uur | Via San Bernardo 79*

### MARKT

Elke vrijdagochtend is er een markt aan de *Lungolago Regina Adelaide.*

## SPORT, RECREATIE & STRAND

Ten noorden van Garda bevindt zich een lang, smal kiezelstrand, een geliefd trefpunt van de plaatselijke jeugd. De toegang is gratis, maar er is weinig parkeergelegenheid. Bij de 2 km ten noorden gelegen plaats Marciaga vind je tussen heuvels met wijn- en olijfgaarden een zeer verzorgde 18 holesgolfbaan en een groot klimgebied met veel gemakkelijke routes (tot niveau 6a).

## UITGAAN

### ART CAFE

Een bijzondere locatie: samen met culturele vereniging Cerchio Aperto worden in het Art Cafe exposities georganiseerd en samen met het restaurant Giardino delle Rane worden soms ook openluchtconcerten op touw gezet. *Dag. 7–24 uur | Piazza Calderini 1*

### PAPILLON

In deze tot diep in de nacht geopende muziekbar is er op onregelmatige tijden livemuziek. *Wo–ma 19.30–3 uur | Via delle Antiche Mura 22*

## VERBLIJF

### PICCOLO HOTEL

Perfect gesitueerd hotel in het oude centrum, met een gezellige ambiance en een zeer goede prijs-kwaliteitverhouding. Hier moet je je wel thuis voelen. *9 kamers | Piazza Catullo 11/12 | tel. 04 57 25 52 56 | www.piccolohotelgarda.it | €*

Aan de kleine haven in Garda wachten talloze cafés op bezoekers

### TOBAGO WELLNESS-HOTEL

Aan dit moderne wellnesshotel met veel designelementen is het ecolabel toegekend en het bezit bovendien een groot, verwarmd buitenzwembad. *18 kamers | Via della Pace 1 | tel. 04 57 25 63 40 | www.hoteltobago.it* | €€€

### TRE CORONE

Hotel Tre Corone werd in 1860 geopend als een poststation en verdiende al een vermelding in de Baedeker-reisgids uit 1895. Tegenwoordig is het een middenklassenhotel met als een van de voordelen het uitzicht op het meer. *26 kamers | Lungolago Regina Adelaide 54 | tel. 04 57 25 50 33 | www.hoteltrecorone.it* | €€

## TOERISTISCHE INFORMATIE

*Piazza Donatori di Sangue 1 | tel. 04 57 25 58 24*

## IN DE OMGEVING

### EREMO SAN GIORGIO

(142 C3) (*H6*)

Ook ongelovigen komen hier voor de rust: het camaldulenzerklooster San Giorgio is sinds de 17de eeuw een toevluchtsoord voor arme monniken en boeren, en tegenwoordig ook voor rustzoekers die de drukte van de grote stad ontvluchten. Op aanvraag kun je er overnachten in een van de sobere kamers. In de boerderijwinkel verkoopt men zelfgemaakte bioproducten, zoals lekkere honing, likeur en siroop. *Tel. 04 57 21 13 90 | www.eremosangiorgio.it*

### ROTSGRAVURES (142 B–C3) (*H6*)

Hier is 3000 jaar geleden in de rots gekrast. Waarschijnlijk werd dat gedaan door herders die zich kunstzinnig uitten op de rotsen van de Monte Baldo, met name hier op de Monte Luppia in de baai van Garda, waar boten, ruiters, krijgers en speren werden gegraveerd. Vanaf Garda kun je een bewegwijzerd pad met informatieborden volgen.

### OORLOGSGRAVEN (142 C3) (*H6*)

Triest, maar waar: in het achterland van Garda, ten zuiden van Costermano, bevindt zich het *Cimitero Militare Tedesco,* het grootste Duitse soldatenkerkhof in Italië. Hier rusten bijna 22.000 Duitsers die tijdens de Tweede Wereldoorlog in Noord-Italië zijn gesneuveld. Er ontstond veel ophef toen bekend werd dat op de begraafplaats niet alleen gewone soldaten liggen, maar ook oorlogsmisdadigers. Op een informatiebord valt daarom te lezen: 'Op dit kerkhof ligt ook het gebeente van personen die oorlogsmisdaden pleegden. Mag hun misdaad ons een constante waarschuwing zijn.'

### MADONNA DELLA CORONAKERK ★

(143 E2) (*J5*)

Tot de schilderachtigste en spectaculairste plekken aan het Gardameer behoort dit bedevaartsoord op 774 m hoogte boven het Adigedal. In de 15de eeuw werd het godshuis in de rots gebouwd die zich boven het dorpje Spiazzi verheft. Sinds de late 12de eeuw was hier al een kluizenaarswoning gevestigd. Wie goed ter been is, bereikt het heiligdom over een steil pelgrimspad vanaf Brentino aan de oostkant van de Monte Baldo in een twee uur durende wandeling. Het eenvoudigst is om de bus te nemen (lijn 167 tussen Garda en Spiazzi). *www.madonnadellacorona.it*

### ORTO BOTANICO DI MONTE BALDO ★

(143 E1) (*J5*)

Op de hellingen van de Monte Baldo groeien ruim 600 verschillende planten, waaronder vele botanische rariteiten.

Daarom wordt de Monte Baldo ook wel de Tuin van Europa genoemd. De wondermooie botanische tuin opende zijn deuren in 1989. Bij Novezzina werd op 1200 m hoogte een bijzondere flora verzameld, waaronder vele alleen hier voorkomende soorten. Reis via Caprino Veronese naar de tuin en dan verder naar Spiazzi, Ferrara di Monte Baldo en Novezzina (in totaal circa 20 km). *Circa 2 weken na het smelten van de sneeuw tot het begin van de winter dag. 9 uur–zonsondergang | aanmeldingen voor rondleidingen tel. 0456247288 | www.ortobotanicomontebaldo.org*

### PUNTA SAN VIGILIO ★
(142 B3) *(🕮 G6)*

Het schiereiland Punta San Vigilio ligt direct ten westen van Garda. De mooie baai *Baia delle Sirene (www.parcobaiadellesirene.it)* wordt omzoomd door een grote olijfgaard. Hier kun je zwemmen voor een luxeprijs *(toegang €12)*. Er is ook een programma met kindervermaak *(toegang €5)*. In 1540 werd door de beroemde vestingbouwer Michele Sanmicheli op de landtong de *Villa Guarienti-Brenzone* gebouwd. Wie het zich kan veroorloven, overnacht in de *Locanda San Vigilio (7 kamers | tel. 0457256688 | www.locanda-sanvigilio.it | €€€)*. Met een kleinere beurs kun je hier in ieder geval een cappuccino of campari drinken.

### SAN ZENO DI MONTAGNA
(142 C2) *(🕮 H5)*

Vanuit Garda voert een mooie panoramaweg via Costermano naar het 25 km ten noorden gelegen San Zeno di Montagna. Dit dorpje op bijna 560 m hoogte ontpopt zich tot een wintersportplaats met een prachtig uitzicht op het meer. 's Zomers komen hier natuurvrienden, in de herfst fijnproevers. Dan zijn de tamme kastanjes rijp en worden de noten als entree, bijgerecht of dessert opgediend. Verwen je smaakpapillen eens goed in de INSIDER TIP *Taverna Kus (nov.–feb. ma–wo gesloten | wijk Castello 14 | tel. 0457285667 | www.ristoranteveronatavernakus.it | €€–€€€)*: hier wordt kookkunst op het hoogste niveau uitgeoefend – zeker ook met kastanjes. Typische ge-

Als een nachtje in de Locanda San Vigilio je te duur is, drink er dan alleen een cappuccino

rechten krijg je ook in *Agriturismo La Part (dag. | wijk La Pora | tel. 0457 285277 | www.agriturismolapart.com | €)*, met drie gastenkamers en een boerderijwinkel. Overnachten kan bijvoorbeeld ook in *Hotel Sole (Via Ca' Schena 1 | tel. 0457285001 | www.albergosole.com | €)*.

# LAZISE

(142 C4) *(H7)* **Dit dorp lijkt zich te weren tegen bezoekers: de oude kern van Lazise (7000 inwoners) is nog volledig omringd door een fortificatie uit de 14de eeuw. Alleen door drie stadspoorten kom je erin.**

Hier gaat het er rustiger aan toe dan in andere plaatsen aan de oostoever. De charmante oude dorpskern met de flaneerstraat, de ongewoon grote Piazza Vittorio Emanuele, presenteert zich er niet minder aantrekkelijk om. Onder Venetiaanse heerschappij was Lazise een belangrijk handelsoord. Een nog zichtbaar symbool uit deze tijd is het tolgebouw aan de haven, vanwaar de Venetianen het goederenverkeer op het meer controleerden.

## SIGHTSEEING

### SAN NICOLÒKERK

Ga naar binnen, steek een kaarsje aan en bewonder de mooi gerestaureerde fresco's. Het kerkje San Nicolò ligt centraal aan de haven, daarvoor loont zich een omweg.

### SCALIGERIKASTEEL

Het kasteel van de Scaligeri stamt uit de 12de en 13de eeuw en kan alleen vanbuiten worden bezichtigd, omdat het tegenwoordig in particulier bezit is. Om de strategisch belangrijke haven van Lazise veilig te stellen, werd het soms ook als fort gebruikt.

### STADSMUUR

Het oude centrum van Lazise is om historische redenen bijna geheel ommuurd: tegen de macht van de Milanezen bouwde Venetië zijn stellingen aan het Gardameer steeds verder uit.

## ETEN & DRINKEN

### AL CASTELLO

Hier zit je op een grote binnenplaats aan de stadsmuur en eet je goede forel van de grill, spaghetti met venusschelpen en andere specialiteiten. *Do-middag gesloten | Via Porta del Lion 8 | tel. 0456 471022 | www.famigliabozzini.it | €€*

### CLASSIQUE

Classique is een van de mooist aan het meer gelegen restaurants, iets verhoogd in een sfeervolle oude 19de-eeuwse villa aan de oeverpromenade. Van het terras ontvouwt zich een wondermooi uitzicht op het meer! Binnen kun je het vloermo-

zaïek bewonderen. Wie wil wakker worden met dit uitzicht: er zijn ook zeven heerlijk ouderwets ingerichte kamers. *Dag. | Via Albarello 33 | tel. 04 57 58 02 70 | www.ristoclassique.it* | €€

### CORTE OLIVO

Hier heb je een volwaardige keuken, maar ook pizza. De gasten eten op een een mooie patio direct binnen de stadsmuur. *Ma gesloten | Corso Cangrande 22 | tel. 04 57 58 13 47* | €€

### LA FORGIA

In 'De smidse' heeft keukenchef Omero Rossignoli zich in vis gespecialiseerd. Van de grill, wel te verstaan: bij een smidse hoort ten slotte een open vuur. *Ma gesloten | Via Calle 1 | tel. 04 56 47 03 72* | €€€

### GEM'S BREW PUB

Natuurlijk, ongefilterd en sappig is het zelfgebrouwen bier in deze pub, die ook een pizzeria is. Dat wordt gewaardeerd door de *locals*, die buiten graag aan rustieke houten tafeltjes zitten of binnen in een authentieke sfeer van hun bier genieten. *Dag. | wijk Pralesi 25 | tel. 04 56 47 11 44 | www.gemsbrewpub.it* | €

### ALLA GROTTA

Fijnproevers houden van de bijzondere, originele visgerechten van het restaurant aan de kleine haven. Er hoort ook een eenvoudig hotel bij met twaalf functioneel, maar liefdevol ingerichte kamers. *Di gesloten | Via Francesco Fontana 8 | tel. 04 57 58 00 35 | www.allagrotta.it* | €€

## WINKELEN

### ENOTECA L'ARTE DEL BERE

De 'kunst van het drinken' heet deze *enoteca*, volgens het motto: het leven is veel te kort om slechte wijn te drinken. De overtuigende keus aan goede wijnen doet dit motto recht. *Via Cansignorio 10 | www.artedelbere.com*

### MARKT

Elke woensdagochtend is het markt aan de *Lungolago Marconi.*

## SPORT, RECREATIE & STRAND

Actie en watersport als wakeboarden of flyboarding en leuke activiteiten voor kinderen vanaf 5 jaar organiseert de uit Zuid-Tirol afkomstige Patrick Planatscher in zijn watersportschool *Gardawake (Via Pra del Principe | tel. 34 94 07 60 04 | www.gardawake.com).*

## UITGAAN

In Lazise gaat het er 's avonds bedaard aan toe. Men zit aan de grote *Piazza Vittorio Emanuele* en drinkt zijn glaasje wijn. De lokale (surf)scene komt graag voor een aperitief in het *Paparazzi Lounge Cafè (Via Gardesana 52).*

## VERBLIJF

### CANGRANDE GARNI

In degelijkheid en rust verblijven de gasten in dit palazzo tegen de middeleeuwse muur in het centrum van Lazise. Suite 119 bezit een fraai dakterras met uitzicht op het meer. *23 kamers | Corso Cangrande 16 | tel. 04 56 47 04 10 | www.cangrandehotel.it* | €€€

### IL GIARDINO DEGLI ULIVI

In *agriturismo* 'Olijventuin' bieden alle kamers een fijn uitzicht op het meer. Er zijn bovendien een 'agricamping' met tien staanplaatsen, een klein zwembad en zelfgeperste olijfolie. *6 kamers | Via Fossalta 12 | tel. 34 74 00 15 45 | www.ilgiardinodegliulivi.info* | €–€€

### PIANI DI CLODIA

Dit campingcomplex met vier sterren biedt drie zwembaden. Je kunt er verblijven in een luxetent, een staanplaats voor de camper of caravan huren of je kiest voor een vakantie in een van de lodges of appartementen (€–€€). *Via Fossalta 42 | tel. 04 57 59 04 56 | www.pianidiclodia.it*

Piazza Vittorio Emanuele in Lazise is bijzonder groot voor een plaatsje aan het meer

### AGRITURISMO LE TESE

De rustig gelegen accommodatie Le Tese wordt bijzonder vriendelijk geleid. Bij het ontbijt wordt zelfgebakken taart opgediend. Rond het huis verbouwt men wijndruiven. *3 appartementen | wijk Tese 2 | Colà di Lazise | tel. 04 57 59 53 14 | www.letese.it | €€*

## TOERISTISCHE INFORMATIE

*Piazzetta Partenio 5 | tel. 366 422 3017 | iatlazise@provinciadiveronaturismo.it*

## IN DE OMGEVING

### BORGHETTO DI VALEGGIO SUL MINCIO (O) (*🕮 O*)

Na goed een halfuur rijden langs de Mincio wordt Borghetto di Valeggio sul Mincio bereikt. Vlak voor de dorpstoegang rijd je over de *Ponte Visconteo,* een enorme gemetselde brug die oorspronkelijk als stuwdam was ontworpen. Op de derde dinsdag in juni viert heel Valeggio aan een 600 m lange, op de brug geplaatste tafel het tortellinifeest.

Het culinaire uithangbord van de plaats kunnen pastafans ook proeven in een van de goede restaurants. Heel geliefd is bijvoorbeeld de *Antica Locanda Mincio (wo/do gesloten | Via Michelangelo Buonarroti 12 | tel. 04 57 95 00 59 | www.anticalocandamincio.it | €€€).* En gewoonweg hemels is de pasta in restaurant *Alla Borsa (di/wo gesloten | Via Goito 2 | tel. 04 57 95 00 93 | www.ristoranteborsa.it |*

€€–€€€). Wie moeilijk kan beslissen, neemt de zogenaamde *tris,* een specialiteit met INSIDER TIP de drie lekkerste soorten tortellini. De allerzachtste en fijnste pasta en tortellini om mee te nemen worden geboden in de *Pastificio Remelli (Via Alessandro Sala 24 | www.pastificio remelli.it),* een winkel met deegwaren.

Bloemenpracht en groene oase: Parco Giardino Sigurtà

**GARDENCENTER FLOVER IN BUSSOLENGO**

Als het weer niet meewerkt, is het tuincentrum *Flover (dag. 9–19.30 uur | Via Pastrengo 14–16 | www.flover.it)* in Bussolengo een welkom alternatief voor een verregende wandeling. Het hele jaar door zijn hier leuke exposities en workshops op het thema 'huis en tuin'. Hoogtepunt is het in december opgebouwde dorp van de Kerstman.

**PARCO GIARDINO SIGURTÀ** (0) *(🕮 0)*

Dit 50 ha grote tuin- en natuurpark ligt 14 km ten zuiden van Lazise. Te voet, per fiets of met een treintje kan het bezichtigd worden. Gewoon geweldig is de bloei vanaf half maart, wanneer hier tijdens INSIDER TIP *Tulipanomia* rond 1 miljoen tulpen van 300 verschillende rassen bloeien. *April–sept. dag. 9–18, maart en okt. dag. 9–17 uur | www.sigurta.it*

**PARCO TERMALE DEL GARDA**

(142 C5) *(🕮 H7)*

Van het 37°C warme meertje in het thermaalpark van Colà di Lazise kun je ook INSIDER TIP 's avonds fijn genieten; dan is het rustiger en alles is romantisch verlicht. Neem een picknick mee en laat in het park onder de oude bomen de sfeer op je inwerken. In het achterland borrelt warme modder op uit de aarde: hierin kun je kuren. In de Villa dei Cedri en in het park worden 's avonds concerten gegeven. *www.villadeicedri.it*

**PESCHIERA DEL GARDA**

(142 C5) *(🕮 H8)*

Peschiera del Garda ligt bij het zuidelijkste punt van het meer en 8 km ten zuiden van Lazise. Hier bevindt zich de afvoer van het meer: de Mincio voert het door de Sarca in Riva del Garda aangevoerde water af naar de Po, waarna het uiteindelijk de Adriatische Zee bereikt. De Min-

cio vormt de grens tussen Veneto en Lombardije. Vanaf 1516 hoorde Peschiera bij Venetië; bezienswaardig zijn de Venetiaans-Oostenrijkse vestingwerken. Het station van Peschiera del Garda wordt aangedaan door veel treinen op het traject Milaan–Venetië.

De geschiedenis van de visserij op het Gardameer is vastgelegd in *Museo della Pesca e della Tradizione (za/zo 10–12.30 en 16–18.30 uur | www.amicidelgondolin.it)* in de Habsburgse kazerne op de linkeroever van het Canale di Mezzo. De collectie omvat foto's, visgerei en informatie over het ontstaan van het meer.

Wie in de buurt eens een dagje op de fiets wil doorbrengen, kan gezellig langs de Mincio van Peschiera del Garda naar Mantova (Mantua) fietsen: een route van 40 km. Terug gaat het comfortabel met de trein. Wie geen fiets bij zich heeft, huurt er een: *Noleggio Bici (Via Venezia 21 | tel. 34 74 56 38 62 | www.noleggio-bici-peschiera.it)*.

Mooi flaneren kan in de straatjes van het oude centrum. Als je het graag rustig aan doet, zoek dan een tafeltje in de *Gelateria Centrale (Via Dante 21)* aan het Minciokanaal. 'Van de akker op het bord' is het motto van de *boerenmarkt (do-ochtend | Piazza Generale Dalla Chiesa)* in de 3 km verder gelegen plaats *San Benedetto di Lugana*. Boeren uit de omgeving verkopen seizoensproducten: korte routes, verse waar, directe verkoop – eerlijke handel voor de dagelijkse behoefte.

Overnachten kan in hotel *Bell'Arrivo (27 kamers | Piazzetta Benacense 2 | tel. 04 56 40 13 22 | www.hotelbellarrivo.it | €€)*. Een relaxed lokaal aan het meer is de *Vecchio Mulino (dag. | Strada Bergamini 14 | tel. 04 59 23 30 82 | www.vecchiomulinobeach.com | €€)*, met een bar en restaurant (ook veganistisch). Aan de rand van het oude centrum loont een bezoek aan de INSIDER TIP *Osteria Goto (do gesloten | Piazza Ferdinando di Savoia 2 | tel. 04 59 23 30 14 | €€)*. Pastagerechten gaan de keukenploeg bijzonder goed af. 's Avonds komen jongere *locals* hier graag eten.

**VERONA** ● (143 F5) (*K8*)

Wie voor de verandering eens wat stadslucht wil opsnuiven, kan een uitstapje maken naar Verona. De 25 km ten oosten van Lazise gelegen stad (264.000 inwoners) biedt belangrijke cultuurmonumenten en een voetgangerszone waar je prima kunt shoppen en slenteren. Maar voordat je nu meteen in de auto stapt om naar Verona te rijden, hoe zit het met de trein? Vanuit het zuiden van de Gardameerregio is dat een prima verbinding. Vanuit veel andere Gardameerplaatsen rijden lijnbussen naar Verona. De in musea en tabakszaken verkrijgbare *Verona Card (www.veronacard.it)*, die voor een dag €18 kost, is een combinatiekaart voor musea, kerken, andere bezienswaardigheden en het openbaar vervoer in de stad.

Verona was dankzij de ligging aan het eind van de route over de Brenner, de laagste Alpenpas, al een voor de Romeinen belangrijke stad. Uit die tijd stamt het beroemdste gebouw: de ★ *Arena di Verona (ma 13.30–19.30 uur, di–zo 8.30–*

**WAAR BEGIN JE?**

**Piazza Bra**: Een ideaal startpunt voor de stadsverkenning is dit grote plein, waaraan ook de Arena ligt. Als je per trein aankomt op station Porta Nuova is het maar tien minuten lopen naar de binnenstad. Wie liever per auto reist, vindt een parkeergarage aan de Piazza Citadella, op een steenworp afstand van de Arena.

Wie geen operakaarten heeft, kan de Arena in Verona overdag bezichtigen

*19.30, op dagen met opera-opvoeringen 9–15.30 uur | Piazza Bra | ticketbureau: Via Dietro Anfiteatro 6b | operafestival tel. 04 58 00 51 51 | www.arena.it).* Begin je stadsrondwandeling hier. Het 1ste-eeuwse Romeinse amfitheater raakte door aardbevingen in de 12de eeuw zwaar beschadigd, van de buitenmuur zijn slechts vier arcades over. De Arena is overdag te bezichtigen, maar in volle glorie straalt hij pas tijdens de beroemde operavoorstellingen. Zijn première op dit gebied beleefde het theater met een opvoering van 'Aida' op de 100ste geboortedag van Giuseppe Verdi in 1913.

Over de Via Roma loop je van de Arena naar het *Castelvecchio (di–zo 8.30–19.30 uur, ma 13.30–19.30 uur).* De steenrode burcht uit 1534 is het grootste bouwwerk uit de Scaligeritijd. Binnen zijn wisselende tentoonstellingen te zien. Het best loop je nu langs de oever van de Adige stroomopwaarts naar de Piazza Portichetti. Dat is een klein stukje om, maar het brengt je bij de *San Zeno Maggiore,* de lievelingskerk van de Veronesi (967). Een echt juweel is het met 48 bronzen platen versierde portaal. Meer informatie over de kerken van Verona staat op *www.chieseverona.it*

Loop nu via dezelfde weg terug naar de Arena en neem eventueel een verfrissing op het hoofdplein. Sla bij de Piazza Bra af in de *Via Mazzini*, de Veronese winkelstraat bij uitstek. Hij voert naar de *Piazza delle Erbe.* Op het gewezen Romeinse forum wordt dagelijks een groentemarkt gehouden.

Vervolg op de *Piazza dei Signori* met de *Scavi Scaligeri.* In de opgraving zijn regelmatig foto-exposities van het Centro Internazionale di Fotografia te zien. Hier vlakbij vind je de *Scaligerigraftombes.* De gotische graven van het voormalige heersersgeslacht zijn bekroond met levensgrote ruiterstandbeelden van de overledenen.

Op de nabijgelegen *Via Cappello 23* ligt een onopvallend 14de-eeuws huis dat bijna elke Veronaganger wil bezichtigen,

ongeacht of hij of zij Shakespeares beroemde drama 'Romeo en Julia' kent of niet: het *Casa Capuleti (ma 13.30–19.30, di–zo 8.30–19.30 uur)*, in de volksmond ook wel Huis van Julia genoemd. De rechterborst van het Juliabeeld op de patio aanraken brengt volgens het volksgeloof geluk in de liefde. Maar het balkon, dat op geen ansichtkaart ontbreekt, werd pas in 1940 aan de gevel gemonteerd. Dit staaltje van geschiedvervalsing trekt drommen bezoekers.

In de *Osteria Sgarzarie* vlak bij de Piazza delle Erbe eet je ongestoord door de toeristendrukte *('s winters di gesloten | Corte Sgarzarie 14a | tel. 0458000312 | www.osteriasgarzarie.com | €€)*. In de *Trattoria Tre Marchetti* dient men de Veronese keuken op. Dit etablissement behoort tot de beste van de stad en werd meermaals onderscheiden *(ma-middag en zo, juli/aug. ma gesloten | Vicolo Tre Marchetti 19b | tel. 0458030463 | www.tremarchetti.it | €€€)*. Voor wie een nachtje wil blijven is er de kleine, gezellige *B&B Vicolo 22 (3 kamers | Via Santa Caterina 22 | tel. 3482719393 | €€)* in hartje centrum. De uitbaters zijn vriendelijk en bekommeren zich bijzonder om het wel en wee van hun gasten.

Toeristische informatie: *Piazza Bra | tel. 0458068680 | www.tourism.verona.it*

# TORRI DEL BENACO

(142 C2) *(🕮 H6)* **In Torri del Benaco (2900 inwoners) is een aankomst per boot het mooist. Veel mensen komen dan ook per boot, want het veer van Maderno naar Torri del Benaco is heel handig om een uitstapje naar de overkant te maken als je niet eerst rond het halve meer wilt rijden.**

Vanaf het water zie je het best hoezeer het ● Scaligerikasteel het plaatsje beheerst. In 1383 liet Scaligeriheerser Antonio della Scala de 9de-eeuwse vesting tot een kasteel uitbouwen. In de 20ste eeuw werd bij renovatiewerkzaamheden een roze marmeren plaat gevonden waarop in reliëf een ladder met vijf sporten was afgebeeld, de Scala, het wapen van de Scaligeri. In het museum (zie onder) is de steen met het wapen te zien. Tegenwoordig is het kasteel een echte INSIDER TIP insidertip onder bruidsparen, want je kunt je hier officieel laten trouwen. Een heel romantische sfeer hangt in de toren met uitzicht op het meer en in de Limonaia (meer informatie over het thema trouwen in Torri del Benaco: *www.torri-del-benaco.net*).

Torri del Benaco is een van de rustigste plaatsjes aan de oostoever en lang niet zo vol als het naburige Garda of Bardolino. De wellicht mooiste haven aan het Gardameer steekt diep het land in, op het water in de ovale havenkom dobberen kleurige vissersbootjes. Vanaf de haven voeren een paar straatjes het opvallend rustige oude centrum in. Het landschap achter Torri del Benaco is niet meer zo steil, de Monte Baldo ligt hiervandaan een stukje landinwaarts.

## SIGHTSEEING

### MUSEO DEL CASTELLO SCALIGERO

In het volkskundige museum in de zalen van het Castello Scaligero wordt veel verteld over het leven van de bewoners vóór de komst van toerisme, toen visvangst en olijventeelt nog de voornaamste inkomstenbronnen waren. Interessant zijn de zalen over botenbouw en rotstekeningen in de omgeving. Wie het museum bezoekt, kan ook een blik werpen op een INSIDER TIP citroenenkas uit 1760. Dit is de enige *limonaia* aan de oostoever die

nog wordt gebruikt. *Half juni–half sept. dag. 9.30–13 en 16.30–19.30 uur, april–half juni en half sept.–okt. dag. 9.30–12.30 en (behalve ma) 14.30–18 uur | Viale Fratelli Lavanda 2 | www.museodelcastelloditorridelbenaco.it*

### SANTI PIETRO E PAOLOKERK
Bijzonder voor Italië is het grote kerkorgel uit 1744, dat nog wordt bespeeld. Ook opvallend in de barokkerk is het bronzen beeld van pastoor Giuseppe Nascimbeni, die in 1988 zalig werd verklaard. Nascimbeni stichtte in Torri een liefdadige zusterorde. *www.parrocchiaditorridelbenaco.it*

### SANTISSIMA TRINITÀKERK
Klein maar fijn is dit kerkje aan de haven. De 14de-eeuwse Santissima Trinità (Heilige Drie-eenheid) herbergt gerenoveerde fresco's uit de school van Giotto, de baanbrekende schilder uit de vroege renaissance in Italië.

## ETEN & DRINKEN

### LE GEMME DI ARTEMISIA
Heb je altijd al willen weten hoe je tortellini vult? Of hoe een Italiaanse topkok truffelrisotto bereidt? Neem dan deel aan een kookcursus bij keukenprins Andrea Messini van Le Gemme di Artemisia (eerst reserveren). Want naast het restaurant – slechts één tafeltje en alleen een verrassingsmenu – in Albisano (een deel van Torri del Benaco) voert hij liefhebbers in de geheimen van zijn kookkunst in. *'s Middags gesloten | wijk Albisano | Via Corrubio 18 | tel. 04 52 42 86 22 | www.legemmediartemisia.it* | €€€

Een oud palazzo aan de haven met verse visgerechten, dat is de Albergo Gardesana

### ALLA GROTTA
Dichter bij het meer kan niet: luisterend naar het gekabbel op het kleine terras boven het Gardameer smaken de visgerechten en pizza's meteen drie keer zo lekker. *Dag. | Corso Dante Alighieri 61 | tel. 34 77 60 60 00* | €€

### TRATTORIA LONCRINO

Zo'n 500 m van het centrum in de wijk Loncrino krijg je hier in een vertrouwde ambiance lokale gerechten opgediend en biedt het terras een mooi uitzicht op het Gardameer. *Dag. | Via Pirandello 10 | wijk Loncrino | tel. 04 56 29 00 18 |* €–€€

## WINKELEN

### KUNSTNIJVERHEIDSMARKT

In hartje zomer stellen elke donderdagavond van 20–23.30 uur kooplui hun kraampjes met kunstnijverheid op in het oude centrum.

### MARKT

Elke maandagochtend is het markt langs de oeverweg.

## RECREATIE & STRAND

Bij de zuidelijke uitrit van het dorp ligt een lang, gratis strand. Er staan enkele wilgen, zodat je niet in de felle zon hoeft te liggen. *Tra gli Olivi i Tesori di Torri del Benaco* ('schatten van Torri tussen de olijfbomen') heet een lokale wandelroute langs negen kerkjes in de omgeving.

## UITGAAN

's Zomers worden in het Nieuwe Theater films vertoond.

## VERBLIJF

### ALBERGO RISTORANTE GARDESANA

Een mooier onderkomen in Torri del Benaco is er niet, als je een zwembad kunt missen, want hier verblijf je in het oorspronkelijk als raadhuis gebouwde Palazzo dei Capitani aan de haven. *34 kamers | Piazza Calderini 5 | tel. 04 57 22 54 11 | www.gardesana.eu |* €€€

### AI SALICI

Deze eenvoudige camping ligt pal aan de oeverweg, maar er is een tunnel naar het strand. *Via Pai di Sotto 97 | tel. 04 57 26 01 96 | www.gardalake.com*

### VILLA SUSY

Het kleine, gezellig geleide hotel ligt enkele minuten lopen van de oude kern aan het meer met een leuk strand. Reserveer een kamer aan de meerzijde – aan de andere kant ronkt het verkeer op de Gardesana. *14 kamers | Via Gardesana 119 | tel. 04 57 22 59 65 |* €€

## TOERISTISCHE INFORMATIE

*Via Gardesana 5 | tel. 04 57 22 51 20 | www.torridelbenaco.de*

## IN DE OMGEVING

### ALBISANO (142 C2) (*H6*)

Een bewegwijzerd wandelpad voert in bijna 45 minuten – tamelijk steil – omhoog naar het dorp Albisano, dat 2 km boven Torri del Benaco op de kam van de Monte Baldo hangt. Naar adem happen zul je boven aangekomen sowieso moeten – het uitzicht op het terras van de parochiekerk omlaag in het dal is adembenemend mooi.

### INSIDER TIP GROTTA TANELLA (142 C1–2) (*H5*)

Circa 6 km ten noorden van Torri del Benaco ligt bij Pai di Sopra de zogenaamde Tanellagrot. De spelonk voert ongeveer 400 m in de helling van de Monte Baldo en is met zijn stalactieten en stalagmieten een goed alternatief voor het gebruikelijke strandprogramma. De excursie wordt begeleid door experts van vereniging *Biosphaera (Piazza San Marco | tel. 34 07 66 11 16 | www.biosphaera.it)*, die je laat kennismaken met de natuur.

# ZUIDOEVER

**Terwijl de noordoever van het Gardameer een fjordachtig karakter heeft, oogt de zuidoever lieflijk en weids met mooie stranden omlijst door een heuvelig landschap en wijngaarden.**

In het zuiden van het Gardameergebied heerst een mediterrane sfeer. Het alpiene berglandschap is hier vervangen door een heuvelig achterland waar de bekende witte luganawijn wordt gemaakt. Toeristische hoogtepunten zijn de plaatsen Sirmione en Desenzano. In de zomer lijkt het historisch interessantere Sirmione overdag bijna uit zijn voegen te barsten. 's Avonds, als de drommen dagjesmensen weg zijn, wordt het in de labyrintische straatjes aangenaam rustig. Het bruisende Desenzano is de grootste plaats aan het meer. Hier heerst minder drukte, in de straten kun je fijn winkelen en er ligt een mooie pier.

## DESENZANO

(141 D5) (*🗺 F7*) **Andere plaatsen hebben misschien een mooiere oeverpromenade, maar het havenhoofd van Desenzano is onovertroffen. Geen wonder dat er bij zonsondergang niet alleen veel hengelaars te vinden zijn, ook verliefde stelletjes komen graag naar dit romantische plekje.**

Desenzano is met zijn bijna 28.000 inwoners de grootste plaats aan het Gardameer – en strikt genomen ook de oudste. Toen na de laatste ijstijd de gletsjer die het Gardameer heeft gevormd zich in

 Foto: de haven in Desenzano

## Romeinse ruïnes, winkelstraten, nightlife: rond Desenzano en Sirmione ben je midden in het Italiaanse leven beland

noordelijke richting terugtrok, was dit een van de eerste bewoonbare plaatsen aan het meer. Onder anderen de Romeinen hebben zich hier gevestigd, een stenen getuige uit die tijd is de opgegraven villa uit de 3de eeuw, met zijn mooie vloermozaïeken. Ook later was Desenzano steeds opnieuw in trek bij vreemde heersers, omdat de haven aan de zuidoever van het meer een belangrijke overslagplaats voor goederen was.

Desenzano is niet zo rijk gezegend met stranden, wel met een gezellig dagelijks leven. In de ruime voetgangerszone is het goed shoppen en slenteren, in de cafés aan de Piazza Matteotti kun je bij een cappuccino urenlang de bedrijvigheid gadeslaan. En in de bars aan de oude haven is 's avonds nauwelijks een plaatsje te vinden.

Op vrijdag- en zaterdagavond is er tot middernacht in de stegen van de voetgangerszone praktisch geen doorkomen aan: jongeren uit de wijde omtrek ontmoeten elkaar hier, goed gestyled en flirterig. Na het flaneren gaat het verder

naar de discotheken in de omgeving van Desenzano.

## SIGHTSEEING

### CASTELLO

Maak de INSIDER TIP kleine wandeling omhoog naar het kasteel van Desenzano vanwege het uitzicht, want aan de vlakke zuidoever zijn er verder weinig mogelijkheden voor een weidse blik over de omgeving. *Juni–sept. di–zo 9.30–12.30 en 16.30–19.30, april/mei en okt. 10–12.30 en 15–18 uur*

### LUNGOLAGO CESARE BATTISTI

Wie langs de oeverpromenade flaneert, kijkt mooi op het meer – en op de motorboten, die soms met aanzienlijke snelheid rondrazen. Maar dat is nog niets vergeleken bij Francesco Agello, die hier in 1934 een wereldrecord vestigde met 709 km per uur! Aan dit wapenfeit herinnert een sculptuur voor het chique Hotel Mayer & Splendid, gelegen bij de Piazza Ulisse Papa.

### MUSEO CIVICO ARCHEOLOGICO GIOVANNI RAMBOTTI

Het Gemeentelijk Archeologisch Museum is ondergebracht in een 15de-eeuwse kruisgang, die op zich al bezienswaardig is. Het interessantste stuk in de collectie is een ruim 2 m lange eikenhouten ploeg uit het 2de millennium v.C. *Di/wo 9–13, do/vr 15–19 uur, za/zo 14.30–19 uur | Via Tommaso Dal Molin 7c | in het Chiostro di Santa Maria de Senioribus | www.onde.net/desenzano/citta/museo*

### SANTA MARIA MADDALENAKERK

Kerkliefhebbers zullen onder de indruk zijn. Het complete interieur van de renaissancekerk S. Maria Maddalena stamt uit de 16de eeuw en lijkt wel een schilderijengalerij. 'Het Laatste Avondmaal' van Giambattista Tiepolo (1696–1770) is bijzonder indrukwekkend.

Tegen borreltijd begint overal het grote flaneren, dus ook in Desenzano

### VILLA ROMANA

De schrijnwerker Emanuele Zamboni zal niet erg blij geweest zijn toen hij in 1921 met de bouw van zijn huis wilde beginnen en bij graafwerkzaamheden op de resten van een 100 $m^2$ grote Romeinse boerderij stiet. Interessant zijn de vloermozaïeken en de antieke verwarmingsinstallatie in de kelder – de Romeinse tegenhanger van de moderne vloerverwarming. *Di–zo 8.30–19 uur ('s winters tot 17 uur) | Via Crocefisso 22*

## ETEN & DRINKEN

### RISTORANTE COLOMBA

Beetje retro en pal aan de haven: een fijne plek voor een lekker diner. De tiramisù is hier superromig! *Dag. | Vicolo dell' Interdetto 16 (Via Porto Vecchio) | tel. 03 09 14 37 01 | www.ristorantecolomba.it* | €–€€€

### OSTERIA LA CONTRADA

Deze chique, met antiek ingerichte osteria serveert specialiteiten uit Lombardije en Veneto, zoals *risotto all'amarone* (goede, robuuste rode wijn) en *baccalá alla vicentina* (stokvis op de wijze van Vicenza). *Wo gesloten | Via Bagatta 12 | tel. 03 09 14 25 14* | €€€

### DE' CORTE POZZI

Op de binnenplaats van een palazzo is deze nieuwe *enoteca* gekomen. Wie onder het wijn proeven wordt overvallen door honger, kan hier ook eten, zoals gegrilde biefstuk. *Dag. | Via Stretta Castello 3 | tel. 03 09 14 17 56* | €€

### KAPPERI

Kapperi zit op een moderne locatie met een mooie tuin met volop leven in de brouwerij. Goede gerechten en ook pizza, wat een jonger publiek trekt. Kapperi biedt tevens een grote keus aan glutenvrij eten. *Ma gesloten | Via Nazario Sauro 7 | tel. 03 09 99 18 93 | www.kapperi.eu* | €€–€€€

### SQUARE 16

Dit chique, loungy lokaal ligt tegenover de bootsteiger, waarop het restaurant op de tweede etage een goed zicht biedt. Op de begane grond komen jongeren voor een glas wijn tot in de vroege uurtjes. *'s Middags gesloten beh. za/zo | Piazza Matteotti 16 | tel. 03 02 07 79 27 | square16.playrestaurant.tv* | €€–€€€

### GELATERIA VIVALDI

Het ijs van Vivaldi behoort tot het beste van de stad. Hier worden alleen room en melk van biologische bedrijven gebruikt. Geweldig pistache-ijs! *Piazza Matteotti 9*

## WINKELEN

### PASTICCERIA DOLCE MARILA

Wie zich graag laat verleiden, mag hier niet doorlopen: taarten, gebakjes, hartige hapjes en sandwiches, de ene nog

**MARCO POLO HIGHLIGHTS**

★ **Grotte di Catullo in Sirmione**
Geen grot, maar de resten van een Romeinse villa met meerzicht → blz. 76

★ **Rocca Scaligera in Sirmione**
Op Romeinse fundamenten staat deze beeldschone waterburcht → blz. 76

★ **Lido delle Bionde in Sirmione**
Groot kiezelstrand met ondiep water, een café en waterfietsen → blz. 78

aanlokkelijker dan de andere. Ook een flink assortiment aan glutenvrije lekkernijen wordt hier aangeboden. *Via Giuseppe di Vittorio 96*

### FRANTOIO DI MONTECROCE
Superverse, koudgeperste olijfolie vind je in deze *azienda agricola* in Montecroce. *Viale Ettore Andreis 84 | www.frantoio montecroce.it*

### IL LEONE DI LONATO
In dit winkelcentrum 2 km van de snelwegafslag Desenzano richting Castiglione delle Stiviere hebben zich onder één dak zo'n 120 winkels verzameld. *Dag. 9–22 uur | www.illeonedilonato.com*

### MARKTEN
Elke dinsdagochtend is het markt aan de oeverweg, op donderdagochtend is er een *boerenmarkt* op de Piazza Garibaldi. En in het oude centrum is er de eerste zondag van de maand – behalve in januari en augustus – een *antiekmarkt.*

## SPORT, RECREATIE & STRAND

*Lido di Padenghe* is een groot, gratis kiezel- en zandstrand, *Lido di Lonato* is een gratis strand met fijne kiezels. Meer mogelijkheden om te zwemmen vind je tussen Desenzano en het schiereiland van Sirmione en in noordelijke richting langs de heuvelige Valtenesistreek. Wie het achterland rustig op de fiets wil verkennen, volgt een van de zes suggesties van de Strada dei Vini door de wijnheuvels van de Lugana of in de achterafgelegen Valtenesi *(www.stradadeivini.it).*

## UITGAAN

In Desenzano is niets te gek voor wie zich 's avonds wil overgeven aan het ultieme Saturday Night Fever-gevoel – de plaats is namelijk hét uitgaanscentrum aan het Gardameer.

### COCO BEACH CLUB
Miamigevoel aan het Gardameer: in een elegante ambiance in Lido di Lonato op een fijn zandstrand aan het meer genieten en feesten *locals* en vakantiegangers van de namiddag tot diep in de nacht. *Wo en vr–zo vanaf 18 uur | Via Catullo 5 | www.cocobeachclub.com*

### GELATERIA CRISTALLO
De Gelateria is 's avonds een populaire bar, wat misschien ook komt door de gezellige schommelbanken waarop de bedrijvigheid in de oude haven goed te volgen is. *Via Porto Vecchio 12*

## VERBLIJF

### CAMPING
Desenzano biedt twee kampeerterreinen: *Villaggio Turistico Vo' (Via Vo' 4–9 | tel. 03 09 12 13 25 | www.voit.it)* en *Camping San Francesco (Strada Vicinale San Francesco | tel. 03 09 11 02 45 | www.cam pingsanfrancesco.com).* In de Valtenesi tussen Desenzano en Salò vind je talloze andere campings. Meer informatie biedt de *VVV San Felice del Benaco (Piazza Municipio 1 | tel. 0 36 56 25 41).*

### HOTEL MAYER & SPLENDID
Dit ooit chique hotel staat helemaal vooraan op de oeverpromenade (en daarmee helaas ook aan de doorgaande weg). Tegenwoordig brokkelt het stuc van het plafond, maar waar anders krijg je voor dit geld al bij het wakker worden uitzicht op het glinsterende water door de openslaande balkdondeuren, en ontbijt je op het balkon met zicht op het water? *57 kamers | Piazza Ulisse Papa 10 | tel. 03 09 14 22 53 | www.hotelmayerde senzano.it* | €€

### HOTEL NAZIONALE

Nazionale was een van de oudste hotels van Desenzano, nu misschien wel het modernste. Met een strak en zonder franje vormgegeven inrichting. *41 kamers | Via Marconi 23 | tel. 03 09 15 85 55 | www.nazionaleonline.it* | €€–€€€

### PIROSCAFO

Al sinds de jaren 1920 runt de familie Segattini dit kleine hotel aan de oude haven in het hart van het oude centrum. *32 kamers | Via Porto Vecchio 11 | tel. 03 09 14 11 28 | www.hotelpiroscafo.it* | €€

### INSIDER TIP AZIENDA AGRICOLA PRATELLO

Alles eco, toch? Ja, zelfs het zwembad in dit *agriturismo*-bedrijf met hotel, restaurant en boerderijwinkel in een gerestaureerd middeleeuws dorpje is ecologisch verantwoord. *16 kamers en 3 appartementen | Via Pratello 26 | Padenghe sul Garda | tel. 03 09 90 70 05 | www.pratello.com* | €€–€€€

## TOERISTISCHE INFORMATIE

*Via Porto Vecchio 34 | tel. 03 03 74 87 26 | www.gardalombardia.de*

## IN DE OMGEVING

### SOLFERINO EN SAN MARTINO DELLA BATTAGLIA (141 E6) (*G8*)

De streek rond het Gardameer was herhaaldelijk het toneel van krijgsverrichtingen. Tot de zwaarste behoorden de Slag van San Martino della Battaglia en de Slag van Solferino, twee plaatsjes enkele kilometers ten zuiden van Desenzano.

In 1859 behaalde de Italiaanse eenheidsbeweging, de Risorgimento, hier de overwinning op het leger van de Oostenrijkse keizer Frans Jozef. De basis voor de eenwording was gelegd. Het Oostenrijkse Veneto, het Savooise Piëmont, het koninkrijk Sicilië en het pauselijke Rome waren verenigd in de Italiaanse natie, maar op het slagveld lagen 25.000 doden. Bovendien lagen er tienduizenden gewonde soldaten, die niemand hielp – en dat zou Solferino wereldberoemd maken. De rijke Zwitser Henri Dunant was zo

Dit museumstuk richtte veel leed aan: kanon in het museum van Solferino

onder de indruk van de aanblik, dat hij enkele jaren later het Rode Kruis zou stichten, een hulporganisatie voor oorlogsgewonden.

In de *San Pietrokerk* in Solferino worden 7000 schedels bewaard ter herinnering aan de oorlogsverschrikkingen. In San Martino della Battaglia rijst de 74 m hoge gedenktoren *Torre di San Martino* op, waar fresco's het Risorgimentoverhaal uitbeelden. *www.solferinoesanmartino.it*

# SIRMIONE

**KAART IN HET ACHTEROMSLAG**

(141 E4) (G7) **Deze oude plaats (8000 inwoners) ligt betoverend mooi: het opvallende schiereiland van Sirmione steekt precies in het midden van de zuidoever in het Gardameer uit.**

Sirmione is een van de bekendste plaatsjes aan het Gardameer, geen wonder dat de charmante steegjes in het oude centrum vaak overvol zijn. Vanaf de voetbrug bij het Scaligerikasteel is de historische kern voorbehouden aan voetgangers, want door het langs het kasteel gegraven kanaal is de oude kern een autovrij eiland geworden.

De populariteit van Sirmione is niet iets van de laatste jaren. Al in de Romeinse tijd was de plaats als kuuroord bekend: de bijna 70°C warme, zwavelhoudende bronnen borrelen 300 m noordoostelijk van het 4 km lange schiereiland op uit de bodem van het meer.

De Grotte di Catullo is geen grot, maar een Romeinse villa aan het Gardameer

## SIGHTSEEING

### GROTTE DI CATULLO ★

Catullus had gelijk: er is nauwelijks een mooiere plaats aan het Gardameer. De representatieve villa, de zogenaamde Grotten van Catullus, heeft hij echter niet gebouwd. Daarvoor was hij niet rijk genoeg.

Maar wat maakt het eigenlijk uit of de Romeinse dichter nu wel of niet hier aan de zuidkant van het meer heeft gelogeerd. Het is hoe dan ook een prachtig plekje en je mag graag geloven dat Catullus hier de woorden schreef: 'O heerlijk Sirmione, parel van schiereiland en eilanden ...' Een bezoek aan het enorme complex is de moeite waard: er valt sfeervol onder olijfbomen te wandelen en je kunt omvangrijke muurresten bezichtigen. De toegangsprijs is inclusief een bezoek aan het INSIDER TIP *Archeologisch Museum* *(di–za 8.30–19.30, 's winters tot 17.30, zo 9.30–18.30, 's winters tot 14 uur | www.grottedicatullo.beniculturali.it)*. De uitvoerige toelichting – ook in het Engels – biedt een goed inzicht in het hele complex en in de vroege geschiedenis van het Gardameer.

### PARCO TOMELLERI

Wie wil uitrusten van de kledingzaken, ijssalons en boetieks in het centrum kan in dit park met olijfbomen genieten van een mooi panorama op het meer. Vanwege de schoonheid worden hier graag bruiloften gevierd *(www.sirmionewedding.it). Via Caio Valerio Catullo 7*

### ROCCA SCALIGERA ★

Mastino della Scala liet in de 13de eeuw op de Romeinse fundamenten binnen de

Laatste parkeerplaats voor het oude centrum, dat in Sirmione autovrij is

ringmuur een waterburcht bouwen. In het oude vestingcomplex bij de toegang tot het oude centrum vinden soms tentoonstellingen plaats, maar ook zonder culturele extra's is er in het kasteel genoeg te beleven. Beklim bijvoorbeeld de *toren,* vanwaar je mooi op de daken van het oude Sirmione kijkt. Het 14de-eeuwse kerkje Santa Anna in het kasteel herbergt 15de-eeuwse fresco's en een 17de-eeuwse barokke inrichting. En als je behoefte hebt aan een verfrissing: voor de Rocca staat sinds jaar en dag een mooie oude fruitkraam met stukken verse meloen, ananas, citroen en snippers kokosnoot. *April–okt. di–za 8.30–19.30, zo 8.30–13.30 uur | www.polomuseale.lombardia.beniculturali.it*

## ETEN & DRINKEN

### LIDO DELLE BIONDE

Wondermooi ligt dit alleen 's zomers geopende kleine restaurant op de punt van het schiereiland aan het water. De pizza is lekker, de porties zijn groot en de bediening is vriendelijk. Prima tagliolini met meerforel. *'s Zomers dag. | Viale Carlo Gennari 28 | tel. 030 9164 95 | www.lidodellebionde.it | €–€€*

### LA RUCOLA

Het oog wil ook wat (om over de portemonnee maar niet te spreken): het romantisch verlichte Rucola betovert de gasten, net als het sterrenmenu met zijn tussengangen en pralines. Maar let wel op wat je uitgeeft. *Do gesloten | Vicolo Strentelle 3 | tel. 030 9163 26 | www.ristorantelarucola.it | €€€*

### LA SPERANZINA

Tot de specialiteiten van La Speranzina behoort pittig bereide spaghetti met *peperoncino* (rode pepertjes) en tonijntartaar. In een rustige tuin met uitzicht op het meer kan volop van de culinaire creaties worden genoten. *April–okt. dag. | Via Dante 16 | tel. 030 99 06 292 | www.lasperanzina.it | €€€*

Dat is pas vakantie: luieren in een ligstoel in Sirmione en de zon zien ondergaan

**OSTERIA AL TORCOL**

Wijnbar met een kleine, originele kaart. Vriendelijke service en een omvangrijk wijnassortiment met de nadruk op regionale producten. *Wo gesloten | Via San Salvatore 30 | tel. 03 09 90 46 05 | €€–€€€*

## WINKELEN

De oude straatjes op het schiereiland vormen samen één groot winkelgebied met veel variatie. Het zwavelhoudende water van de Terme di Sirmione belooft verbetering bij de meest uiteenlopende aandoeningen, ook KNO-problemen. Geen wonder dat je overal in de apotheken kleine neussprays met INSIDER TIP Acqua di Sirmione kunt kopen. Neem gerust de proef op de som, het helpt echt.

**MARKT**

In het oude centrum is er geen weekmarkt, in de wijken *Colombare* (ma) en *Lugana di Sirmione* (vr) wel.

## SPORT, RECREATIE & STRAND

Aan de zuidoever richting Peschiera vind je enkele gratis toegankelijke kiezelstranden. *Spiaggia Grotte di Catullo* is een gratis, met bomen beplant strand aan de voet van de opgraving, maar het is alleen per waterfiets of motorboot te bereiken. ★ *Lido delle Bionde* is een groot, vlak kiezelstrand aan de noordoostkant van het schiereiland. Het biedt een café, waterfietsen en verhuur van ligstoelen met parasols, bijna als een klassieke *bagno* aan de Adriatische Zee – het lange plankier in het water doet tegelijk dienst als ligweide. Alleen te voet bereikbaar is INSIDER TIP *Giamaica Beach.* Dit strand aan de voet van ruïnes aan het eind van het schiereiland doet zijn naam alle eer aan: ondiep, felblauw water, een fraai uitzicht en uit de bodem opborrelende hete bronnen. Pas op: de stenen platen kunnen glad zijn.

De heilzame bronnen van Sirmione gebruik je bij voorkeur in het *Aquaria,* het

enorme wellnesscenter van de Terme di Sirmione met meerdere zwembassins, belevingsdouches en alle toeters en bellen die je bij het relaxen nodig zou kunnen hebben *(half april–okt., basistijd dag. 12–22 uur | Piazza Don A. Piatti 1 | www.termedisirmione.com)*.

## VERBLIJF

### THE GARDA VILLAGE
Comfortabel, prettig kampeerterrein in de wijk Colombare met een eigen zwemstrand aan het meer. *Via Coorti Romane 47 | tel. 03 09 90 45 52 | www.gardavillage.it*

### HOTEL MEUBLÉ GRIFONE
Alle kamers bieden een mooi meerzicht en toch verblijf je tegen gunstige prijzen in dit kleine hotel in een steegje van het historische gedeelte van Sirmione. *16 kamers | Via Gaetano Bocchio 4 | tel. 0 30 91 60 14 | www.gardaseegrifonehotel.eu |* €€

### DEGLI OLEANDRI
Al in de lobby is merkbaar dat dit hotel door een familie met hart voor de zaak wordt geleid. In het trappenhuis hangen schilderijen, liefdevol uitgezochte antieke meubels bepalen de sfeer. *24 kamers | Via Dante Alighieri 31 | tel. 03 09 90 57 80 | www.hoteldeglioleandri.it |* €€

### PACE
De ramen van hotel Pace aan de haven bieden een wondermooi uitzicht op het meer. *22 kamers | Piazza Porto Valentino 5 | tel. 03 09 90 58 77 | www.pacesirmione.it |* €€

### CAMPING SIRMIONE
Deze driesterrencamping met een eigen zwemstrand ligt van de campings het dichtst bij het oude centrum van Sirmione. *Colombare | Via Sirmioncino 9 | tel. 0 30 91 90 45 | www.camping-sirmione.it*

### VILLA CORTINE PALACE HOTEL
In Villa Cortine, een van de mooiste hotels ter plaatse, waan je je in de 19de eeuw; fijn park. *55 kamers | Viale Gennari 2 | tel. 03 09 90 58 90 | www.palacehotelvillacortine.it |* €€€

### VILLA PIOPPI
Oude villa buiten het oude centrum (te voet in 15 min. bereikbaar). Eenvoudig, charmant en fijn aan het meer. *7 kamers | Via XXV Aprile 76 | tel. 03 09 90 41 19 | www.villapioppihotel.com |* €€

## TOERISTISCHE INFORMATIE

*Viale Marconi 8 | tel. 03 03 74 87 21 | iat.sirmione@provincia.brescia.it*

## LOW BUDG€T

Buiten de oude centra van Sirmione en Desenzano vind je vooral aan doorgaande wegen lunchlokalen met een gunstig geprijsde *pranzo al lavoro*, meestal een driegangenmenu voor €10. Simpel, echt Italiaans en verzadigend, dat is deze arbeiderslunch in een notendop.

De uitverkoop is in Italië niet meer uniform geregeld, maar in juli en augustus kunnen koopjesjagers rekenen op kortingen tot 50 procent. Interessant zijn ook de outletcentra, die hun toch al gunstige prijzen tijdens de *saldi* nogmaals verlagen, zoals het aan de A 22 gelegen *Fashion District Mantova (www.mantovaoutlet.it)* bij de afslag Mantova Sud.

# WESTOEVER

**Hier begon het: in 1880 bezocht de Duitser Louis Wimmer de westoever van het Gardameer en besefte dat het zijn landgenoten hier goed zou bevallen. Hij begon met de bouw van Grand Hotel Gardone en legde daarmee de basis voor het toerisme aan het Gardameer.**

Rond de wisseling naar de 20ste eeuw ontstonden geleidelijk andere luxehotels en in plaats van citroengaarden, olijfbosjes en wijngaarden werden fijne parken aangelegd, waarvan de oude bomen tot op heden de charme van de regio bepalen. In 1921 vestigde zich hier de dichter Gabriele D'Annunzio, een excentriekeling en dandy. Vittoriale degli Italiani, zijn huis, is een museum en ademt nog altijd de geest van die tijd. Maar de geest kwam uit de fles – in 1943 riep dictator Benito Mussolini in het naburige Salò de fascistische Repubblica Sociale Italiana uit. Mussolini woonde met zijn gezin in de Villa Feltrinelli in Gargnano. Zijn minnares Claretta Petacci installeerde hij in de Villa Fiordaliso in Gardone Riviera, tegenwoordig een chic restaurant.

Op de zuidelijke westoever wijken de bergen terug. Hier zijn geen tunnels meer, de oeverweg slingert elegant langs het meer of trekt zich netjes terug, zodat de oude vissersdorpen die samen de gemeente Gargnano vormen nog altijd in alle rust rond hun kleine havencomplexen liggen. Wie hier vakantie houdt, zoekt extreme sportavonturen als in het noorden, gezinsstranden als in het oosten of wil rustig zijn cappuccino aan het meer drinken, dat hier zo breed is dat het

 Foto: Gardone Riviera

De rustige kant van het meer: aan de westoever, waar de Italianen het liefst komen, liggen luxehotels en smulpaleizen

bij heiig weer soms wel een zee lijkt. En 's avonds wordt er gesmuld, want ook om de goede keuken is dit stuk oever beroemd.

# GARDONE RIVIERA

(141 D–E2) (*🗺 F–G 5–6*) **De cafés van Gardone Riviera zijn ook in het hoogseizoen nooit overvol, een vrije tafel is altijd wel te vinden. Men flaneert gemoedelijk op de Lungolago – hier doet men alles op het gemak.**

Het mooist aan Gardone Riviera zijn de parken en tuinen. Wie vanaf de oeverweg de steile straatjes en wegen beklimt, wandelt in de schaduw van oude cipressen en magnolia's. De historierijke hotels, tuinen en fraaie herenhuizen getuigen van Gardones grootse verleden als reisbestemming. Op de Lungolago D'Annunzio is het goed toeven. Daarbij zou je bijna vergeten dat de eigenlijke plaats

Vittoriale degli Italiani: huis vol rariteiten van dichter D'Annunzio

niet pal aan het meer ligt, maar verhoogd. Gardone Sopra is enigszins op de achtergrond geraakt. Hier liggen de wortels van het 2700 inwoners tellende dorp; de huizen concentreren zich rond de San Nicolakerk. Om de kerk loopt een INSIDER TIP smal pad met een prachtig uitzicht op het meer. Hoofddoel is de Vittoriale degli Italiani, de markante woning waar de dichter Gabriele D'Annunzio zijn oude dag doorbracht.

## SIGHTSEEING

### GIARDINO BOTANICO ANDRÉ HELLER

Oorspronkelijk was deze botanische tuin in Gardone Sopra een van de vele mooie parken van het oord, maar sinds het aan het eind van de jaren 1980 gekocht werd door de Oostenrijkse mediakunstenaar André Heller, werd het iets meer. Tussen reusachtige bomen klateren waterwerken, in menig verstopt hoekje staat een moderne plastiek van Keith Haring of Mimmo Paladino. André Heller vertelt verrukt over zijn 'floraverzameling uit alle delen van de wereld', een paradijsje dat hem voortdurend verbaast: 'Edelweiss tussen velden met orchideeën, metershoge boomvarens naast betoverende granaatappels. Beekjes en watervallen, vijvers met heilige koikarpers, forellen en spiegelingen van de libellevlucht, heuvels uit dolomiet naast cactussen en klimoptorens.' *Maart–okt. dag. 9–19 uur | www.hellergarden.com*

### MUSEO IL DIVINO INFANTE

Het eerste en waarschijnlijk enige aan het Kindje Jezus gewijde museum ter wereld. De uit drie eeuwen stammende, 200 beeldjes omvattende verzameling is uniek. *Pasen–sept. vr–zo 15–19 uur, half dec.–half jan. di–zo 14–18 (20 dec.–6 jan. dag. 10–18) uur | Via dei Colli 34 | www.il-bambino-gesu.com*

### VITTORIALE DEGLI ITALIANI

Wie in het leven van een van de grilligste persoonlijkheden uit de Italiaanse geschiedenis wil duiken, bezoekt het Vittoriale degli Italiani ('Zegemonument van de Italianen'). De oorlogsvlieger, dichter, filosoof, fascist en vreemde snoeshaan Gabriele D'Annunzio (1863–1938) bouwde hier in 1921 niet gewoon een huis, maar een bijna onoverzichtelijk, bizar

wooncomplex. Tot de trekpleisters behoren behalve het huis een *oorlogsmuseum* met het legendarische vliegtuig waarin D'Annunzio in de Eerste Wereldoorlog pamfletten over Wenen uitstrooide, een oorlogsschip, het mausoleum en de oldtimers Isotta Fraschini en Fiat T4. In het openluchttheater vinden 's zomers regelmatig culturele evenementen plaats *(www.anfiteatrodelvittoriale.it).* In het *park van de Vittoriale* kun je vrij rondlopen, toegang tot het *huis* heb je alleen op een rondleiding. Het aantal toegangskaarten is beperkt, koop de tickets daarom liefst ruim van tevoren online. *Dag. 9–17 uur, april–okt. tot 20 uur, museum en huis nov.–maart ma gesloten | www.vittoriale.it*

## ETEN & DRINKEN

### AGLI ANGELI
De gerechten van Patrizia en Elisabetta Pellegrini in dit lokaal in Gardone Sopra worden steeds eleganter en verfijnder. Absoluut reserveren. *Di gesloten | Via Dosso 7 | tel. 0 36 52 09 91 | agliangeli.biz* | €€–€€€

### ANTICO BROLO
Lekkere, creatieve huiselijke kost midden in het centrum. De gastheren zijn attent en steeds begaan met het welzijn van hun gasten. *Ma gesloten | Via Carere 10 | tel. 0 36 52 14 21 | www.ristoranteantico brolo.it* | €€–€€€

### LIDO 84
Een indrukwekkender uitzicht op het meer is er niet. En het eten houdt gelijke tred: dit restaurant (een Michelinster in 2017) verrast met een combi van typisch Lombardische ingrediënten en exotische kruiden. *Wo-middag en di gesloten | Corso Zanardelli 196 | tel. 0 36 52 00 19 | www.ristorantelido84.com* | €€€

### TRATTORIA RIOLET
Of het nu huisgemaakte antipasti, de veelzijdige pastavarianten of stevig ge-

## MARCO POLO HIGHLIGHTS

**★ Giardino Botanico André Heller in Gardone Riviera**
De droom van André Heller: moderne plastieken verscholen in een betoverend park in Gardone Riviera → blz. 82

**★ Vittoriale degli Italiani in Gardone Riviera**
Het bizarre landgoed van de excentrieke dichter Gabriele D'Annunzio → blz. 82

**★ Sant'Andrea Apostolokerk in Maderno**
Deze kerk met zijn roze-grijs-wit gestreepte gevel is onmiskenbaar → blz. 86

**★ Parco Fontanella in Gargnano**
Een van de grootste stranden aan de westoever is gratis → blz. 88

**★ Terrassen in Pieve**
Duizelingwekkend zijn deze hoog boven het meer gelegen caféterrassen → blz. 90

**★ Oeverpromenade in Salò**
Hier kun je doen zoals de Italianen, en op je gemakje flaneren → blz. 91

**★ Strada della Forra**
De panoramaweg slingert zich van de westoever omhoog naar Pieve → blz. 108

grild vlees is, het begrip 'huiselijke kost' krijgt in deze karakteristieke trattoria een nieuwe betekenis. Het leuke uitzicht van het terras compenseert voor de moeite van een klim over de trap naar dit juweeltje. Reserveren a.u.b.! *Wo gesloten | Via Fasano di Sopra 75 | wijk Fasano | tel. 0365 20 5045 |* €–€€

## WINKELEN

### VINTAGE-MARKT

Langs de oeverpromenade vindt eens per maand een kleine vlooienmarkt plaats met vintagespullen uit de jaren 1960 en 1970 en antiek; de data variëren.

## SPORT, RECREATIE & STRAND

*Spiaggia Rimbalzello* aan de zuidkant van Gardone Riviera kost €5 entree, €11 inclusief ligstoel en parasol. Gratis stranden vind je bij de Villa delle Rose in Fasano en een paar m2 grote postzegel bij het Casino aan Via Zanardelli. In het *Big Sur Sky Park (Via Val di Sur | tel. 3472284361 | www.rimbalzelloadventure.com)* in *de wijk San Michele* wagen durfals de sprong op een parapente-duovlucht.

## UITGAAN

Gardone biedt meer cultuur dan uitgaansleven. Op wisselende avonden valt aan de oeverpromenade gratis te genieten van livemuziek. In de Vittoriale degli Italiani zijn theatervoorstellingen en concerten *(www.anfiteatrodelvittoriale.it)* te bezoeken. Tot de stijlvolste locaties aan het meer behoort de gewezen vuurtoren INSIDER TIP *Torre San Marco*, waarin een pianobar en club zijn gevestigd *(di–zo 22.30–3 uur | Via Zanardelli 132 | www.torresanmarco.it)*. Leuk zijn ook het *Caffè Wimmer (Piazza Wimmer 5)* en in Gardone Sopra *Bar Le Rose (Via dei Caduti 19)*.

## VERBLIJF

### HOTEL DIANA

Onopgesmukte kamers, maar mét balkon en meerzicht, de prijs-kwaliteitverhouding van hotel Diana klopt. *18 kamers | Lungolago Gabriele D'Annunzio 30 | tel. 0365 21815 | www.hoteldianagardone.it |* €–€€

### DUE DI MORO

Zuiverheid, kwaliteit en versheid, dat belooft de plattelandsvakantie bij eigenaar Luca en zijn gezin. Hier wordt op alle gebieden de harmonie met de natuur in acht genomen. Het eten is strikt vegetarisch en desgewenst veganistisch, de ruime kamers missen bewust een televisie. In het weekend is het restaurant ook geopend voor externe gasten. *5 kamers | Via Ceriolo 23–25 | tel. 0365 20101 | www.duedimoro.com |* €€

### INSIDER TIP PREMIGNAGA COUNTRY HOUSE & RESORT

Of het alleen voor een korte vakantie of voor een huwelijksreis is – een verblijf in het pittoresk gelegen, voormalige klooster hoog boven Gardone Riviera is onvergetelijk. Daniela Ondelli begroet haar gasten hartelijk en verwent ze met allerlei kleinigheden. *10 appartementen | Morgnaga di Gardone Riviera | Via della Chiesa 47 | tel. 0365 22115 | www.premignaga.it |* €€€

### SAVOY PALACE

Dit mooie oude grandhotel kan bogen op een honderdjarige geschiedenis en veel beroemde gasten in het gastenboek. De helft van het complex herbergt nu appartementen, maar er is ook plaats gevonden voor een nieuw hotel. Het niveau is hoog, het geboden uitzicht en het kleine zwembad zijn hier gewoon schitterend. *60 kamers | Corso Zanardelli 2 | tel.*

*03 65 29 05 88 | www.savoypalacegardasee.com |* €€€

### LE TRE GATTE

Bed-and-breakfast 'De drie katten' ligt in een rustig straatje. De eigenaresse had een Engelse moeder, daarom doet de inrichting denken aan een Brits landhuis. *4 kamers | Vicolo Ars 10 | tel. 03 65 29 04 40 | www.letregatte.com |* €

## TOERISTISCHE INFORMATIE

*Corso Repubblica 1 | tel. 03 65 20 06 36 | iat.gardoneriviera@provincia.brescia.it*

## IN DE OMGEVING

### SAN MICHELE (141 D2) (*G5*)

Wie zin heeft, kan te voet in een uur van Gardone Riviera naar San Michele klimmen. Het pad (bewegwijzerd vanaf de Vittoriale degli Italiani) snijdt de haarspeldbochten van de weg af. Boven aangekomen smaken de stevige huiselijke kost en de tiramisù bij restaurant *Miramonti* opperbest *('s winters ma gesloten | Via Panoramica 96 | tel. 03 65 20 09 05 |* €*)*. Op zondag is reserveren noodzakelijk.

Maritiem stilleven met afgemeerde bootjes voor de oeverpromenade in Maderno

### TOSCOLANO-MADERNO

(141 E2) (*G5*)

Deze dubbelgemeente (8000 inwoners) ligt enkele kilometers noordelijk van Gardone aan het eind van de kleine Toscolanorivier. Langs de bovenloop vind je de interessante *Valle delle Cartiere,* het dal van de papierfabrieken. Al vanaf de 14de eeuw leverden de papiermolens aan heel Europa en de Oriënt. Een wandelpad voert langs de ruïnes. Het best begin je de wandeling op de Via Gardesana bij de

splitsing naar Gaino. Daar vallen twee maalstenen op waarmee oude lompen werden vermalen, de grondstof van het papier. Aan het eind van de zo'n halfuur durende wandeling kom je bij het uitstekend ingerichte papiermuseum *Museo della Carta (april–sept. dag. 10–18 uur, okt. za/zo 10–17 uur | www.valledellecartiere.it)*.

jaar geleden. Het harmonieuze interieur wordt bepaald door zware pijlers en zuilen met mooi bewerkte kapitelen. Nog ruim duizend jaar ouder is de Romeinse INSIDER TIP *Villa Romana dei Nonii Arrii* met zijn goed geconserveerde mozaïekvloer in de wijk Toscolano *(april–okt. za/zo 10–12 en 15–18 uur | Piazza Santissima Maria del Benaco | www.beniculturali.it)*.

Werp eens een blik in de baroktuin van de Villa Bettoni-Cazzago

Bezienswaardig is ook de ★ *Sant'Andrea Apostolokerk* in Maderno, hoewel hij niet direct opvalt nu de nieuwere parochiekerk ertegenover nogal het straatbeeld beheerst. Maar het 12de-eeuwse romaanse kerkje met zijn roze-grijs-wit gestreepte gevel is mooier. Opmerkelijk zijn de Longobardisch-romaanse details op het portaal (vruchten, ranken, vlechtwerk), die getuigen van het ware meesterschap van de steenhouwers zo'n 1000

Gespecialiseerd in meervis is de *Osteria del Boccondivino ('s middags en di gesloten | Via Cavour 71 | tel. 03 65 64 25 12 | €€)* in Maderno. *Ristorante San Marco (dag. | Piazza San Marco 5 | tel. 03 65 64 11 03 | www.hsmarco.it | €€€)*, ook in Maderno, is een chic etablissement vlak bij het meer en volgt de filosofie van de slowfoodbeweging met regionale creaties. Het mooi gerenoveerde *Hotel Milano (Lungolago Zanardel-*

*li 12 | tel. 03 65 54 05 95 | www.hotelmilanomaderno.com | €€–€€€)* ligt precies ver genoeg van de drukke doorgaande weg en beschikt over een zwembad en een mooi meerzicht. In het oude centrum, maar zonder uitzicht op het meer, biedt *Hotel Vienna* onderdak *(17 kamers | Via Giuseppe Garibaldi 43 | tel. 03 65 64 10 83 | €)*. Toeristische informatie: *Via Garibaldi 24 | tel. 03 65 64 42 98* en *Via Ugo Foscolo 3 | tel. 03 03 74 87 41*

# GARGNANO

*(141 F1) (G5)* **Net als je vanuit het noorden komend genoeg hebt van alle tunnels aan de westoever en met een zucht van verlichting de laatste achter je laat, ben je in Gargnano (3000 inwoners) aangekomen.**

Met deze naam worden eigenlijk drie plaatsen aangeduid die naast elkaar aan de haven liggen, de ene nog mooier dan de andere: Gargnano, het grootste dorp en voorzien van een oeverpromenade, Villa en Bogliaco, waar de Via Gardesana omheen loopt en die alleen over een smalle weg bereikbaar zijn. Vóór de aanleg van de Via Gardesana rond 1930 reisde men nog per boot van dorp naar dorp.

Bezoekers komen hier bergwandelen en flaneren, zwemmen en smullen, ook 's avonds gaat alles hier zijn gang. Opstandig was Gargnano slechts eenmaal en voor korte tijd: tijdens de fascistische Republiek van Salò aan het eind van de Tweede Wereldoorlog woonde dictator Benito Mussolini in de Villa Feltrinelli.

## SIGHTSEEING

### MARINA DI BOGLIACO

Stijlvol en exclusief is de haven van Bogliaco. Rond de marina groeperen zich de weinige huizen van de plaats. Hier laten zich pittige jachten en charmante zeilboten bewonderen, in het bijzonder in september, wanneer de grootste zeilrace op het Gardameer wordt gehouden en zich hier honderden deelnemers en zeilfans verzamelen.

### PALAZZO FELTRINELLI

In 1943 werd dit palazzo in beslag genomen door de fascistische regering en door Benito Mussolini gebruikt als hoofdkwartier. Vandaag geeft de Università di Milano hier 's zomers INSIDER TIP diverse Italiaanse taalcursussen aan studenten uit de hele wereld *(www.unimi.it)*. *Via Castello 4*

### VILLA BETTONI-CAZZAGO

Het bijzondere aan deze fraaie villa in particulier bezit in Bogliaco zijn de architectonische consequentie, die zich over de hele villa uitstrekt, en de perfect aangelegde tuin, die meestal alleen in april geopend is voor een kijkdag.

## ETEN & DRINKEN

### RISTORANTE FORNICO

Voor liefhebbers van rustieke kost grilt Marco elke zondag vleesspiesjes en dient hierbij polenta op – zo hebben de *locals* het graag. Voor het overige kookt men hier huiselijk, maar altijd goed. *Ma- en di-avond gesloten | Via Sole 13 | tel. 03 65 57 10 58 | www.ristorantefornico.it | €–€€*

### RISTORANTE AL MIRALAGO

De naam van het restaurant klopt: de gasten zitten hier beschut onder een zonnescherm en kijken uit over het meer. Kleine kaart met streekgebonden gerechten en veel vis plus bijpassende wijnen. *Di gesloten | Lungolago Zanardelli 5 | tel. 03 65 57 12 09 | €€*

### OSTERIA DEL RESTAURO

Aan de haven van het dorp Villa gaat het leven zijn gang. Wie daarvan houdt, is in deze osteria op de juiste plaats. Lekker zijn de huisgemaakte tortellini en het kruidige spek *(lardo)* als antipasto. *Wo gesloten | Piazza Villa 19 | tel. 0 36 57 26 43* | €€

### TRATTORIA SAN MARTINO

Simpel, traditioneel en verrukkelijk Italiaans. De chef-kok verrast graag met gerechten die niet op de kaart staan. Heel romantisch zit je op het terras. Reserveren! *Ma gesloten | Via Roma 33 | tel. 0 36 57 14 36 | www.trattoriasanmartino.it* | €€

### ALLO SCOGLIO

Hier wordt gegeten in een charmante tuin aan het meer in Bogliaco. Het huis is de voormalige portierswoning van de Villa Bettoni-Cazzago. Specialiteit: visgerechten. *Ma gesloten | Via Barbacane 2 | tel. 0 36 57 10 30 | www.alloscoglio.it* | €€

## SPORT, RECREATIE & STRAND

Een gratis strand aan de noordrand van Gargnano is ★ *Spiaggia Parco Fontanella*. Luier in de schaduw van olijfbomen, ga tafeltennissen of luister naar technomuziek. Met een betaald parkeerterrein en de surfschool *OK Surf (tel. 32 84 71 77 77 | www.oksurf.it)*.

## UITGAAN

Grote drukte heb je in Gargnano niet, en juist daarom wordt deze plaats zo gewaardeerd door de steeds terugkerende bezoekers. Misschien neemt men na het avondeten nog een ijsje aan het meer. De grootste en lekkerste *gelati* worden geboden door de *Bar Gelateria Azzurra (Piazza Angelo Feltrinelli 11)*.

## VERBLIJF

### ANTICA CASCINA LIANO

Een toevluchtsoord: op 600 m hoogte in de wijk Liano ligt in een landelijke omgeving dit compleet gerenoveerde gebouw met balkenplafonds en een rustiek interieur. De oude boerderij biedt een weids uitzicht op het Gardameer. *6 appartementen | Via Liano 1 | tel. 0 36 57 28 70 | www.anticacascinaliano.it* | €€

### HOTEL DU LAC

De familie Arosio runt het hotel, gelegen in Vila aan het meer, al voor de derde generatie. Mooie oude meubels in de meeste kamers. *11 kamers | Via Colletta 21 | tel. 0 36 57 11 07 | www.hotel-dulac.it* | €€–€€€

### LEFAY RESORT & SPA

Grandioos vijfsterrencomplex hoog boven het Lago, hypermodern, olijfhouten vloeren, groot zwembad, spa- en wellnesscentrum van 3000 m², goed restaurant. Bij de bouw is al op milieuvriendelijkheid gelet, in het hotelbedrijf wordt technologie gebruikt die het energieverbruik vermindert. *90 kamers | Via Angelo Feltrinelli 118 | tel. 03 65 24 18 00 | www.lefayresorts.com* | €€€

### HOTEL MEANDRO

Op het eerste gezicht is het kille hotelgebouw niet zo aansprekend, maar het panorama maakt veel goed: vanuit alle kamers (en ook het restaurant) van dit door een familie gerunde hotel ontvouwt zich een weids uitzicht op het meer. Er is een overdekt zwembad en het openbare strand ligt vlakbij. In het bijgebouw toont een keramist uit Vicenza *(www.marianofuga.it)* zijn kleine, charmante beeldjes. *44 kamers | Via Repubblica 44 | tel. 0 36 57 11 28 | www.hotelmeandrogardasee.com* | €€–€€€

## TOERISTISCHE INFORMATIE

*Piazzale Boldini 2 | tel. 03 65 79 12 43 | www.gargnanosulgarda.it*

## IN DE OMGEVING

### LAGO D'IDRO EN LAGO DI VALVESTINO

(136 B–C 5–6) (*🗺 F–G 3–4*)

Van Gargnano voert een bochtig weggetje door een ongerept, nog weinig door het toerisme aangetast landschap omhoog naar het INSIDER TIP *Lago di Valvestino.* Met zijn kristalheldere water is het stuwmeer van een woeste schoonheid. Hier werd de Toscolano-beek afgedamd waarmee men de papiermolens in de vallei van Toscolano-Maderno aan het draaien bracht.

Een kijkje waard zijn de oude hooischuurtjes van hotel *Borgo Cima Rest (4 appartementen voor 6 pers. | wijk Cima Rest | tel. 0 36 57 40 67 | www.lavalvestino.com /borgocimarest | €),* waar natuurminnende vakantiegangers kunnen overnachten. Aan het eind van het Lago di Valvestino, op de hoogvlakte Cima Rest, mag je van mei tot september op bepaalde data de sterrenwacht bezoeken: INSIDER TIP *Osservatorio Astronomico di Cima Rest (aanmelden bij het Consorzio Forestale Terra tra i due Laghi | tel. 03 65 74 50 07 | www.osservatorio-cimarest.it).* Op de website van de boswachterij *(zie www.consorzioforestalevalvestino.com)* staat interessante informatie over het Lago di Valvestino.

Lake-hopping: het Lago di Valvestino en Lago d'Idro in de bergen achter Gargnano

Tot slot gaat het in haarspeldbochten steil omlaag. Algauw zie je beneden het *Idromeer* glinsteren. De omgeving doet denken aan de bergen van Tirol, maar de plaatsjes zijn Italiaans, met smalle straatjes en romaanse kerken. In de wijk *Pieve Vecchia* bij de zuidpunt van het meer kun je pauzeren en in een café langs de weg

de motorrijders nakijken of een hapje eten in *Pizzeria Milano (di gesloten | Via Trento 35 | tel. 03 65 82 33 91 | www.hotelmilano.bs.it | €)*. Aangesloten is een ba-

Duizelingwekkend hoog boven de westoever liggen de dorpjes in de gemeente Tremosine

saal hotel. Toeristische info: *V. Trento 27 | Idro | tel. 0 36 58 32 24 | www.lagodidro.it*

### MADONNA DI MONTECASTELLO
(137 E6) *(H4)*

Dit heiligdom met een kerk, enkele kilometers ten noorden van Gargnano, is een geliefd excursie- en pelgrimsdoel op 700 m hoogte (blz. 110). Er ontvouwt zich een wondermooi panorama over meer en bergen. *Pasen–okt. dag. 9–18 uur | www.santuariomontecastello.it*

### TREMOSINE (137 E5) *(H3–4)*

Kruidige bergkaas, ongerepte natuur en statige vergezichten – de rustige hoogvlakte van de gemeente Tremosine is een paradijs voor genieters, natuurvrienden en sportieve types. De achttien dorpjes liggen, op Campione met de haven na, alle ingebed tussen de steile rotsravijnen en sappige weides in regionaal park Alto Garda Bresciano hoog boven het Lago di Garda en bekoren met hun lange historie, gebruiken en culinaire tradities. Lokale specialiteiten als zelfgemaakte kaas, salami en vleeswaren biedt *agriturismo* ● *Alpe del Garda (dag. | Via Provinciale 1 | wijk Polzone | tel. 03 65 95 30 50 | www.alpedelgarda.it | €)* met een demonstratiekaasmakerij, boerderijwinkel en speelplaats.

De hoofdplaats *Pieve* ligt bijna 20 km ten noorden van Gargnano in de bergen boven het meer. Bezoekers komen vooral af op het ★ ● *'duizelingwekkende terras',*

waarmee *hotel Paradiso* reclame maakt *(22 kamers | tel. 03 65 95 30 12 | www.terrazzadelbrivido.it | €€)*. Het terras steekt inderdaad griezelig ver uit over het meer. Nabij het terras van hotel *Miralago (29 kamers | tel. 03 65 95 30 01 | www.miralago.it | €)* voert een smal pad langs de schijnbaar loodrechte rotswand omlaag. Dit INSIDER TIP *Sentiero del Porto*, gemarkeerd met nummer 201, was vroeger de enige verbinding met het meer. Tegenwoordig bereik je de plaats over de adembenemende *Strada della Forra* (blz. 108), die in 1913 werd aangelegd door de nauwe kloof van de woeste Brasabeek. Wie zin heeft in een actief vakantieprogramma, kan een passende activiteit boeken bij Thomas Engels van INSIDER TIP *Skyclimber (Via Dalco 3 | tel. 3 35 29 32 37 | www.skyclimber.it)*. Aangeboden worden onder andere canyoningexcursies, MTB-trainingsparkoersen en door een gids begeleide tochten over klimpaden; ook veel activiteiten voor kinderen. Toeristische informatie in Pieve: *Piazza Marconi | tel. 03 65 95 31 85 | www.infotremosine.org*

# SALÒ

**KAART IN HET ACHTEROMSLAG**

(141 D2) (*F6*) **Al ruim 100 jaar heeft Salò (11.000 inwoners) de langste ★ oeverpromenade aan het Gardameer. Hij werd aangelegd na een aardbeving in 1901.**

In 2004 beefde de aarde opnieuw, er was veel schade aan gebouwen. De oeverpromenade is daarna verbreed en verlengd. Bijna 3 km strekt hij zich nu uit tot aan de begraafplaats met de markante cipressen aan de andere kant van de baai. De promenade is min of meer autovrij, de cafés schakelen zich aaneen, langs de oever staan bankjes. Zachtjes dobberen de vissersbootjes, die 's ochtends uitvaren en uit het meer halen wat in de fijnproeversrestaurants van Salò wordt opgediend: *lavarello* (een forelsoort) en *coregone* (houting). Salò ligt in een baai aan de zuidelijke westoever en hoewel het nu een bedrijvig stadje is, ademt het nog de sfeer van een elegante badplaats.

Salò was altijd al welvarender dan de omringende vissersdorpen. In 1377 werd het door het Milanese heersersgeslacht Visconti uitgekozen als bestuurszetel van de westoever. In 1426 riepen de Venetianen Salò uit tot 'Magnifica Patria della Riviera'. Aan het eind van zijn bewind maakte Mussolini Salò de hoofdstad van de fascistische Repubblica Sociale Italiana, die een kort leven beschoren was.

## SIGHTSEEING

### HOTEL LAURIN

Dit is wel het mooiste jugendstilgebouw aan het meer. Tegenwoordig is hier een chic hotel ondergebracht, waar je in de lobby ook alleen iets kunt drinken en zo op je gemak het interieur kunt bewonderen. Ten tijde van het fascisme installeerden het ministerie van Buitenlandse Zaken en de dictator Benito Mussolini zich hier tijdelijk. *Viale Landi 9 | tel. 03 65 22 02 2 | www.hotellaurinsalo.com*

## LOW BUDG€T

Circa 200 winkels met soms 70 procent korting op merkartikelen vind je in Rodengo Saiano in de *Franciacorta Outlet Village (di–zo 10–20 uur, ma 14.30–20, 's zomers za/zo tot 21 uur | 6 km achter Brescia, afslag Ospitaletto | www.franciacortaoutlet.it)*.

### PALAZZO DEL PODESTÀ

In de 16de eeuw kreeg het oude raadhuis uit de 14de eeuw een Venetiaanse gevel met een bogengalerij aangemeten, en dat staat het palazzo nog altijd prima. Het is echter niet meer origineel, want de aardbeving van 1901 verwoestte ook het Palazzo del Podestà.

In Vassalli komen vaste klanten de bekende 'kusjes uit Salò' eten

### SANTA MARIA ANNUNZIATA

Salò bezit als enige plaats aan het meer een kathedraal. In 1453 werd begonnen met de bouw van het laatgotische godshuis. De eenvoudige bakstenen gevel kreeg later een wit renaissanceportaal. *Dag. 8–12 en 15–19 uur | Piazza Duomo | www.parrocchiadisalo.it*

## ETEN & DRINKEN

### LA CAMPAGNOLA

Het restaurant van Angelo dal Bon is een van de beste in de regio. Er wordt gekookt volgens de slowfoodfilosofie. Het eten en de omvangrijke wijnkaart laten weinig te wensen over. Heerlijk is de INSIDER TIP entrecôte in een zoutkorst. Reserveren is noodzakelijk. *Di-middag en ma gesloten | Via Brunati 11 | tel. 036 52 2153 | www.lacampagnola1952.it |* €€€

### LA CASA DEL DOLCE

La Casa del Dolce biedt het romigste chocoladeijs van het Gardameer. In het aangrenzende pand kun je bekijken hoe het wordt gemaakt. *Piazza Duomo 1*

### LOLLIPOP

Deze *yoghurteria* maakt het fruitigste ijs dat Salò te bieden heeft. De smaak van yoghurt maakt het 's zomers extra verfrissend. *Lungolago Zanardelli 43*

### INSIDER TIP POLENTERIA

Wie dol is op het rustieke soulfood polenta, kan bij de Lealibroers bijzondere creaties met het lievelingsgerecht van de Noord-Italianen proeven. Grote kans dat je verrast wordt en het sympathieke lokaal 4 km ten zuiden van Salo in *Cunettone di Salò* in je hart sluit. *Zo-avond en ma gesloten | Via Europa 9 | tel. 036 54 2111 |* €

### TRATTORIA ALLE ROSE

In een modern ingerichte trattoria onthaalt Gianni Briarava zijn gasten op de

lekkerste gerechten, waarin klassieke *cucina gardesana* is gecombineerd met nieuwe recepten. Op het menu: pasta met bonen, gegrild paardenvlees en elegante visschotels. *Wo gesloten | Via Gasparo da Salò 33 | tel. 0 36 54 32 20 | www.trattoriaallerose.it |* €€–€€€

### PASTICCERIA VASSALLI

Fijn belegde sandwiches, allerlei gebak en *bacetti di Salò* ('kusjes uit Salò'), lekkere hazelnootpralines. *'s Winters di gesloten | Via San Carlo 84–86 | www.pasticceriavassalli.com*

## WINKELEN

In het oude centrum van Salò is het goed rondslenteren en je vindt hier meer winkels dan in de kleinere plaatsen. De meeste liggen aan de *Via San Carlo,* die ongeveer parallel aan de oever loopt.

### MARKT

Elke zaterdagochtend wordt ten zuiden van het oude centrum een van de grootste markten van het meer gehouden.

### MELCHIORETTI

Deze levensmiddelenzaak oogt als een oude drogisterij, en dat klopt. Hij stamt uit 1805 en sinds 1870 is de inrichting weinig veranderd. Alleen vind je er nu in plaats van groene zeep pasta en pesto. *Piazza Zanelli 11*

### VOM FASS

Vom Fass is als een snoepwinkel voor volwassenen: likeur, azijn, olijfolie en conserven, alles van de beste kwaliteit. *Zo/ma gesloten | Piazza Sergio Bresciani 3*

## SPORT, RECREATIE & STRAND

Bij de uitbreiding van de oeverpromenade zijn twee kleine stranden gecreëerd, aan de overkant van de baai bij de begraafplaats, te herkennen aan de markante rij cipressen. Daaraan grenst de Valtenesi, het heuvellandschap rond Manerba. Hier vind je talloze andere zwemmogelijkheden, zoals het vlakke kiezelstrand in *Porto San Felice. Spiaggia La Romantica* in Manerba wordt uitgebaat (honden niet toegestaan). Het gratis strand *Baia Bianca (www.baiabianca.it)* biedt 's avonds livemuziek. Door het ondiepe water kun je naar het eilandje *San Biagio* waden, ook een geliefde hangplek voor jongeren. In *Moniga del Garda* vind je gratis kiezel- en rotsstrandjes.

Een van de mooiste joggingrondjes aan het meer is de route rond de autovrije baai van Salò, bij voorkeur in de ochtenduren, als er nog weinig mensen op straat zijn. Over de vele fietsroutes rond Salò kan bijvoorbeeld tot Lonato bij Desenzano worden gefietst. Zo'n 1 km ten noordoosten van Salò ligt in *Barbarano* het *Rimbalzello Adventure Parco Avventura (juni–aug. dagelijks 10–20 uur, april/mei en sept./okt. za 14–19 uur, zo 10–19 uur | €19–24 | www.rimbalzelloadventure.com).* Het avontuurlijke pad gaat over slingerende hangbruggen en wiebelende boomstammen.

## UITGAAN

's Avonds verandert de hele Lungolago van Salò in een grote flaneerstraat, hier wordt wat afgeslenterd.

### AL BARETTO

Dit is een onopvallende bar aan de oeverpromenade, maar eigenaar Gigi biedt de beste keus aan wijnen uit het vat, zoals Bellavista, een mousserende wijn uit de Franciacorta. Hier komen de lokale wijnkenners een aperitief halen of voor een drankje rond middernacht. *Lungolago Zanardelli 46*

Langs ruïnes slenteren en genieten van het uitzicht kan bij de Rocca in Manerba

### PLAZA DISCO

Pas tegen middernacht komt het nachtleven in de disco in de westelijke voorstad goed op gang. In drie verschillende zalen klinken hits en beats voor alle leeftijden. *Via Domenico Signori 41 | Roè Volciano | www.plazadisco.it*

## VERBLIJF

### AGRITURISMO IL BAGNOLO

Wil je vakantie vieren op een boerderij op een paar kilometer van het Gardameer? Hier verblijf je weliswaar hoog boven het water, maar voor rust en natuur ben je hier aan het juiste adres. De melk komt vers van de koe, vleeswaren en kaas zijn van eigen makelij. *9 kamers | Bagnolo di Serniga | tel. 0 36 52 02 90 | www.ilbagnolo.it |* €–€€

### BELLERIVE

In de jachthaven ligt hotel Bellerive mooi aan de promenade. Het biedt een charmante tuin en een prachtig uitzicht van de kleine ✲ balkons. *49 kamers | Via Pietro da Salò 11 | tel. 03 65 52 04 10 | www.hotelbellerive.it |* €€€

### BED & BREAKFAST AI COLLI ✲

In een rustige woonbuurt boven de doorgaande weg ligt deze in een nieuwbouw ondergebrachte B&B met prachtig uitzicht op het meer. *5 kamers | Via Carla Mortari 6 | tel. 32 92 52 23 68 | www.bblagodigarda.it |* €

### HOTEL DUOMO

Aan de lange oeverpromenade naast de Duomo (kathedraal) ligt dit bijzonder vriendelijk geleide hotel. *24 kamers | Lun-*

*golago Zanardelli 63 | tel. 0 36 52 10 26 | www.hotelduomosalo.it | €€€*

### HOTEL GAMBERO

Dit hotel was ooit het goedkoopste van Salò, maar raakte steeds meer in verval. Sinds enkele jaren is het fraai gerenoveerd en heeft het zijn deuren heropend. Reserveer een van de rustige kamers met meerzicht. *25 kamers | Piazza Carmine 1 | tel. 03 65 29 09 41 | €€*

## TOERISTISCHE INFORMATIE

*Piazza Sant'Antonio 4 | tel. 0 36 52 14 23 | www.prolocosalo.it*

## IN DE OMGEVING

### ISOLA DEL GARDA (141 E3) (*🗺 G6*)

Het enige grotere eiland in het meer met een weelderige villa in een INSIDER TIP mooi verzorgd park is privé-eigendom, maar in het zomersemester kan het eiland worden bezichtigd in het kader van excursies vanuit diverse plaatsen aan het meer. De excursies in Salò starten 's zondags om 10 uur. *Reserveren verplicht: tel. 32 86 12 69 43 | www.isoladelgarda.com*

### MANERBA DEL GARDA (141 D3) (*🗺 F6*)

Het plaatsje van 5000 inwoners bijna 10 km ten zuiden van Salò is bekend om zijn pittoreske oeverzone met de kleine haven Porto Dusano en lange stranden. Op de *Rocca di Manerba,* de burchtruïne op de markante rots bij de wijk Montinelle, geniet je van een leuk uitzicht over de zuidkant van het meer. De ruïne ligt in het Archeologisch Natuurreservaat Rocca di Manerba. Om bezoekers de verkenning van het historierijke grondgebied te vergemakkelijken, is er het innovatieve INSIDER TIP bikesharingsysteem *Manerba in Bici*. Informatie hierover biedt *Manerba Servizi Turistici (Via Zanardelli 17 | tel. 03 65 55 27 45 | www.manerbaserviziturististici.it).*

Tussen de olijfbomen in het achterland van Manerba ligt de INSIDER TIP *Azienda Agricola Manestrini (Soiano del Lago | Via Avanzi 11 | tel. 03 65 50 22 31 | www.manestrini.it).* Bij het complex horen een oliemolen, een verfijnd restaurant met meerzicht en vakantiehuizen. Elke dinsdagmiddag om 17.30 uur organiseert de oliemolen een aperitief *(€5)*. Na een rondleiding proeven de bezoekers olijfolie en streekproducten. Wie meteen in het restaurant (€€–€€€) ook een tafel reserveert voor het avondeten, krijgt het aperitief gratis.

### SAN FELICE DEL BENACO (141 D3) (*🗺 F6*)

Tussen Salò en Desenzano liggen de meeste kampeerterreinen van het Gardameer, hotels vind je hier minder. De strandjes zijn meestal vrij vol, maar zolang ze niet bij een camping horen, zijn ze vaak gratis (het parkeerterrein is wel betaald). In het weekend komen hier veel dagjesmensen. In het achterland slingert de weg langs wijnheuvels en olijfbosjes. Te bezichtigen vallen de oude dorpskern van San Felice del Benaco (3400 inwoners) en zijn kerken. Bij Porto Portese bevindt zich een zwemstrand. Laat je de huisgemaakte pasta en de weelderige schotel met visantipasti smaken in het *Ristorante Osvaldo* in Porto Portese *(dag. | Piazzale Marinai d'Italia 5 | tel. 0 36 56 21 08 | €€)*. Een grote accommodatie met een al even groot zwembad is het *Park Hotel Casimiro Village (198 kamers | Via Porto Portese 22 | tel. 03 65 62 62 62 | www.parkhotelcasimiro.it | €€).* De oliemolen van de *Frantoio Cooperativa Agricola San Felice del Benaco* verkoopt goede olijfolie *(Via delle Gere 2 | www.oliofelice.com).*

# ROUTES & TOCHTEN

## 1 DE IDEALE ROUTE LANGS HET GARDAMEER

| | |
|---|---|
| **START:** ❶ **Riva**<br>**DOEL:** ❶ **Riva** | **7 dagen** |
| Afstand:<br>**Ongeveer 170 km** | |

**KOSTEN:** Circa €85 per persoon voor bus- en bootkaartjes en entree
**NIET VERGETEN:** Zwemspullen, stevige schoenen

**LET OP:** De belangrijkste bussen aan het meer: lijn 183/184: Riva del Garda–Malcesine–Garda–Peschiera, lijn 26: Peschiera–Sirmione–Desenzano, lijn 27: Desenzano–Salò–Gardone–Limone–Riva del Garda. Dienstregelingen en tarieven op *www.atv.verona.it, www.brescia mobilita.it* en *www.ttesercizio.it,* dienstregelingen en tarieven voor de boten op het Gardameer op *www.navigazionelaghi.it*

 Foto: Torbole

**Elke uithoek van onze aarde heeft zijn eigen schoonheid. Als het je leuk lijkt de bijzonderheden van elk gebied te ontdekken, dan zijn deze op maat gesneden tochten echt wat voor jou. Je krijgt geweldige tips voor halteplaatsen op adembenemende plekken en bij speciale eetgelegenheden en typische activiteiten.**

**Op deze rondreis ontdek je de hoogtepunten van het Gardameer, het grootste meer in Italië. De noordoever is een outdoorparadijs en surferswalhalla, het zuidwesten ademt een snufje belle-epoquesfeer en aan de zuidoostoever zijn gezinnen dol op de zwemstrandjes. Wie de tocht met de bus maakt, kan bepaalde etappes bovendien heel ontspannen per boot afleggen.**

Op de noordoever oogt het meer nog echt alpien, fjordachtig omlijsten de tot 2000 m hoge bergen het meer. Het gaat er sportief aan toe in **1 Riva → blz. 41** en **2 Torbole → blz. 45**: hier kun je klimmen, biken, wandelen, surfen of

**DAG 1**

1 Riva

3 km

2 Torbole

14 km

Bloesems en nostalgische villa's: in exclusief Gardone Riviera gaat het trap op, trap af

3 Malcesine

DAG 2

32 km

4 Garda

DAG 3

4 km

5 Bardolino

5 km

6 Lazise

4 km

7 Parco Termale del Garda

DAG 4

13 km

8 Peschiera

13 km

9 Sirmione

13 km

zeilen. Dan staat 3 **Malcesine** → **blz. 36** op het programma, dat zich tegen de oever aanvlijt. Het straatbeeld wordt bepaald door de imposante burcht, bij de ingang waarvan **Gelateria Cento per Cento** lekker ijs biedt.

De volgende dag is een tochtje met de boot langs de oostoever een leuke mogelijkheid. **Stap uit in** 4 **Garda** → **blz. 56**. Op de lange promenade is flaneren de aangewezen activiteit.

**Met de bus (lijn 62) gaat het nu verder** naar wijndorp 5 **Bardolino** → **blz. 51**. De plaats is omgeven door glooiende heuvels met wijngaarden – fijn voor een wandeling. In het autovrije, middeleeuwse centrum van 6 **Lazise** → **blz. 61** nodigen de bars 's avonds uit tot een aperitief. Maar eerst lokt in Colà de Villa dei Cedri met het 7 **Parco Termale del Garda** → **blz. 64**. Het warme meertje ligt in een wondermooi park met een oud bomenbestand. **Met de bus gaat het dan terug naar Lazise.**

**Via** 8 **Peschiera** → **blz. 64**, waar vestingmuren getuigen van de ooit strategische positie, **koers je de volgende dag per boot naar** 9 **Sirmione** → **blz. 76**. De unieke ligging op de punt van een schiereiland vraagt gewoon om een

ontdekkingstocht vanaf het water. **Van de aanlegsteiger zijn de Grotte di Catullo te voet snel te bereiken.** Dit is de belangrijkste Romeinse vindplaats aan het meer, in de nabijheid liggen mooie zwemplekjes. Als je in Sirmione overnacht, kun je de plaats op zijn rustigst en zonder de vele dagjesmensen beleven. Als je wel van wat leven in de brouwerij houdt, **reis je nu (en anders de volgende ochtend) nog een paar kilometer verder naar ⑩ Desenzano → blz. 70**. De grootste plaats aan het meer biedt een bruisend uitgaansleven, en de volgende ochtend een heleboel shopmogelijkheden. Het elegante **⑪ Salò → blz. 91**, dat vooral in trek is bij Italiaanse vakantiegangers, ligt aan een smalle baai bij de zuidwestoever. Achter de langste oeverpromenade van het Gardameer strekt zich het oude centrum uit, met een kleine voetgangerszone en vele boetiekjes.

Het vroegere deftige vakantieoord van de belle époque, **⑫ Gardone Riviera → blz. 81**, trok aan het eind van de 19de eeuw de welvarende bourgeoisie en is nog altijd de exclusiefste plaats van het meer. Breng bijvoorbeeld een bezoek aan de beroemde **Vittoriale degli Italiani**, de protserige erfenis van de excentrieke nationale dichter Gabriele D'Annunzio. Moderne kunst en oude bomen vallen te bewonderen in de **Giardino Botanico André Heller**. **Voor een overnachting ga je het best naar de goedkopere dubbelgemeente ⑬ Toscolano-Maderno → blz. 85**, die zich uitstrekt langs de drassige monding van de woeste Toscolanobeek. De gemeente was lang beroemd om zijn papierfabricage; wandelaars kunnen in het dal van de beek, **Valle delle Cartiere**, INSIDER TIP vervallen papiermolens bekijken.

Dromerig ligt het welvarende **⑭ Gargnano → blz. 87** met zijn smalle steegjes en kleurige huizen aan het meer. De toeristenstroom heeft Gargnano links laten liggen, en als je juist dat waardeert, voeg je de volgende ochtend dan bij de andere bezoekers die ontspannen in de weinige cafés aan de oever zitten. Aan de voet van een steile berg-

**⑩ Desenzano**

**DAG 5**

20 km

**⑪ Salò**

**DAG 6**

7 km

**⑫ Gardone Riviera**

6 km

**⑬ Toscolano-Maderno**

**DAG 7**

12 km

**⑭ Gargnano**

18 km

⑮ Limone s.G.

11 km

① Riva del Garda

helling ligt het charmante ⑮ **Limone sul Garda → blz. 32** op terrassen boven het meer. De huizen staan dicht op elkaar, de labyrintische straatjes van het pittoreske oude centrum zijn gevuld met winkels. En omdat de schilderachtige plaats zich het best laat bewonderen vanaf het water, **leg je het laatste stuk van de rondreis tot ① Riva del Garda nog eens per veerboot af.**

# 2 TOPPUNT VAN GELUK OP DE MONTE BALDO

**START:** ① **Bergstation kabelbaan Mte Baldo**
**DOEL:** ① **Bergstation kabelbaan Mte Baldo**

**5–6 uur**
totaal circa
3,5 uur onderweg

Afstand: **3 km**
Middelzwaar **440 hoogtemeters**

**KOSTEN:** Retour kabelbaan €20 per persoon
**NIET VERGETEN:** Wandelschoenen, regenjas/zonnecrème, water, eten

**LET OP:** Deze middelzware panoramatocht vereist goede benen en afwezigheid van hoogtevrees. *Kabelbaan dag. 8–17/18/19 uur, afhankelijk van het seizoen | tel. 04 57 40 02 06 | www.funiviedelbaldo.it*

**Een droom voor plantenvrienden, een must voor wandelaars en actievelingen: de Monte Baldo is met ruim 2000 m het hoogste bergmassief aan het Gardameer en de moeite van een beklimming waard. Liever wel comfortabel! Met de panoramacabine vanaf Malcesine overbrug je in luttele minuten de hoogte van 1700 m naar het bergstation en begin je nog barstend van de energie aan deze middelzware wandeling. Geniet van de wondermooie blikken op het Gardameer in de diepte en van een kleurig kijkje in de bijzondere plantenwereld.**

① bergstation van de kabelbaan Monte Baldo

200 m

**09:00** Alleen al het tochtje omhoog vanaf het dalstation in **Malcesine → blz. 36** is puur genieten. Vanuit de om hun as draaiende panoramagondels kijk je mooi op het meer. Probeer vooral in hartje zomer zo vroeg mogelijk bij het dalstation te zijn, om lange wachttijden te voorkomen. Boven aangekomen haal je eerst eens diep adem en geniet op het terras bij het ① **bergstation van de kabelbaan Monte Baldo** van het grandioze vergezicht. Richting noorden groeten de woeste toppen van de Brenta-Dolomieten en de eeuwig met sneeuw gemutste ronde toppen van de Adamello en Presanella; naar het zuiden strekken zich eindeloze bergkammen uit, en in de diepte ligt het meer. Niemand neemt het je kwalijk als je eerst eens

een cappuccino bestelt en de dag in alle rust laat voortkabbelen. En volop geniet.

De ongeveer 30 km lange bergrug heeft geen echte top, maar meerdere hoge pieken als de Monte Altissimo di Nago (2079 m), Cima delle Pozzette (2132 m), Cima Valdritta (2218 m) en de Punta Telegrafo (2200 m). Cima delle Pozzette is de eerste top die je bereikt op de route vanaf het bergstation. De weg over de bergkam erheen is niet echt zwaar, maar toch inspannend genoeg om dragers van sandalen of andere makkelijke schoenen in een lastig parket te brengen.

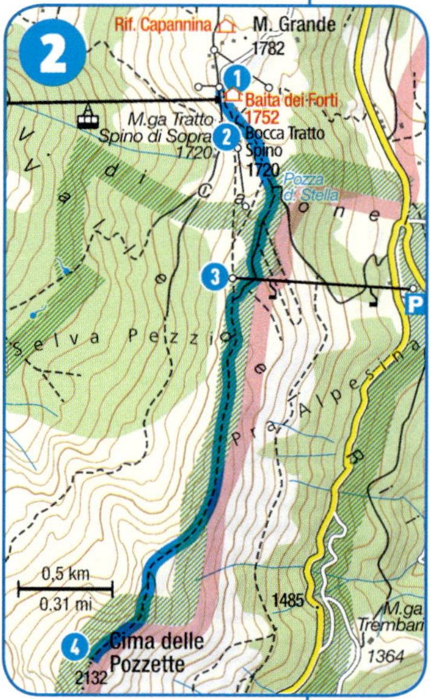


**Ga bij het bergstation eerst licht bergafwaarts naar rechts, dus in zuidelijke richting, langs het gezellige pension** **Baita dei Forti** **→ blz. 41**. **Volg voor het hele traject het rood-wit-rood gemarkeerde pad 651** omlaag in het dal **❷ Bocca di Tratto Spino** (1720 m). Het pad is hier nog breed en gemakkelijk, maar de beklimming richting Punta Telegrafo gaat al over een smal pad dat tussen ruige rotsblokken door voert. INSIDER TIP Met een beetje geluk kun je hier marmotten zien. Het pad is soms rotsig, dan voert het weer over weides of langs bosjes. Blijf af en toe staan om van het uitzicht te genieten! Het is ook lonend om bij deze stops de flora eens nader te bekijken. In de laatste ijstijd is het bergmassief ijsvrij gebleven, zodat hier een enorme hoeveelheid planten gedijt. Vooral in mei en juni bloeien op de weides pioenrozen, lelies en vlierorchis.

❷ Bocca di Tratto Spino

850 m

❸ bergstation van de stoeltjeslift Pra Alpesina

10:30 **Na ongeveer een halfuur bereik je het ❸ bergstation van de stoeltjeslift Pra Alpesina**, die de Monte Baldo met Avio verbindt. Op het lifthuisje heeft iemand in rode letters 'Bel Vedere' gespoten; terecht, want het uitzicht is hier inderdaad adembenemend. Nu gaat het redelijk vlak over de met gras begroeide rotskam, over uitgestrekte alpenweides en tussen kruipdengewassen door. Voor je liggen al de ruige rotsen van de Cima delle Pozzette. Grasvlaktes en kiezelpaden wisselen zich af. **Na ruim een uur** wandelen ligt **enkele meters rechts van het pad** een weide, waarop talloze uit stenen opgestapelde 'man-

Letterlijk en figuurlijk een hoogtepunt op de Monte Baldo: Cima delle Pozzette

2350 m

④ Cima delle Pozzette

3400 m

① bergstation van de kabelbaan Monte Baldo

netjes' staan. Dit is de ideale plek om uitgebreid te pauzeren en misschien zelf ook een stenen mannetje te maken. Linksonder liggen het Adigedal en Rovereto, rechts Malcesine en het meer.

13:00 **Het pad stijgt nu gestaag verder.** Er wordt een beroep gedaan op je goede benen, want soms gaat het tussen bosjes door, soms over grotere rotsblokken, maar meestal over kleine, losse stenen. Je wint snel hoogte en bereikt een gekloofde bergkam en vervolgens een zadel. **Na 2–2,5 uur heb je je doel bereikt:** de **④ Cima delle Pozzette**. Curieus is het kruis dat op de Pozzettetop staat: een roestig stoelonderstel vormt de basis voor een kruis van dikke takken, een paar keien dienen als bevestiging en plastic bloemen versieren het geheel. Het uitzicht op het 2000 m in de diepte gelegen meer is adembenemend mooi. Nu heb je een broodje wel verdiend. Houd ondertussen het rolkeienveld van de Val d'Angual in de gaten: soms springen daar gemzen van steen tot steen. **Terug naar het ① bergstation van de kabelbaan Monte Baldo loop je in een uurtje over dezelfde weg.**

# 3 DOOR HET SARCADAL NAAR TRENTO EN ROVERETO

**START:** ➊ Torbole
**DOEL:** ➊ Torbole

Afstand:
ruim 100 km

**2 dagen**
totaal circa
2 uur onderweg

**KOSTEN:** €27 per persoon voor entreegelden musea, vanaf €44 per persoon voor een tweepersoonskamer in Trento

**De regio Alto Garda bekoort met hoge bergen, woeste rotsformaties, fruit- en wijngaarden, kastelen en meren. Daarbij komen de huiselijke kost uit Trento (Trente) en cultuursnoepjes van het hoogste niveau. Voor deze afwisselende rondrit trek je het best twee dagen uit.**

De rondrit begint in ➊ **Torbole → blz. 45**. **Na een paar kilometer** bereik je het bruisende ➋ **Arco → blz. 48**, dat lonend is voor een eerste stop. De charmante oude kern vlijt zich tegen een smalle, steile rots, op de top waarvan een kasteelruïne troont. Vanwege het milde klimaat koos de Oostenrijkse keizer in 1872 Arco als winterresidentie voor het keizerlijk hof. Fraaie villa's, uitnodigende flaneerpromenades en de botanische tuin herinneren nog aan die tijd. Tegenwoordig is Arco stevig in de greep van outdoorfans. Bezoek hier bijvoorbeeld het INSIDER TIP Koffiemuseum van Omkafè, het **Museo del Caffè** *(ma–vr 8–12 en 14.30–18.30, za 8–12 uur | Via Aldo Moro 7 | www.omkafe.com)*, en drink er een kopje verse koffie!

**Vanhier gaat het noordwaarts** door het Sarcadal richting Dro. Het gebied is beroemd om zijn pruimen en om de *vino santo,* een zoete witte wijn. Een paar bochten later komt de woeste streek van de ➌ **Marocche** in zicht. Hier stortte in de oertijd een machtige berg in het dal, de enorme rotsblokken liggen nog altijd als reusachtige bouwstenen rondom verspreid.

Tussen Dro en Pietramurata liggen links aan de voet van de Monte Brento de op sommige plaatsen tot 500 m hoge **Placche Zebrate**, de zogenaamde 'zonneplateaus'. Hier leven klimmers zich uit. Na afloop drinken ze in de bar ➍ INSIDER TIP **Parete Zebrata** *(di gesloten | wijk Gaggiolo 4 | www.barparetezebrata.it)* graag warme chocolade en

**DAG 1**
➊ Torbole
6 km
➋ Arco
16 km
➌ Marocche
8 km
➍ Parete Zebrata

8 km

**5 Sarche**

2 km

**6 Lago di Toblino**

observeren ze andere klimmers. Of basejumpers, die zich van de Monte Brento moedig in de diepte storten.

**Op de hoofdweg gaat het verder** naar **5 Sarche**, waar je je in de kleine, maar fijne supermarkt bij de kruising van een broodmaaltijd kunt voorzien. Hier vind je lekkere hapjes, van ingelegde asperges, frambozenjam en verse broodwaren tot kaas en salami. Als je het vriendelijk vraagt, maken de medewerkers meteen ook een belegde *panino* voor je klaar. Een klein stukje verderop ligt al de volgende halteplaats: het **6 Lago di Toblino**. Op een eilandje in het meer, **dat te voet over een dam bereikbaar is,** ligt de **waterburcht** met zijn markante torens. De oorspronke-

lijke 12de-eeuwse burcht werd in de 16de eeuw verbouwd tot een comfortabel woonslot. Nu is er een goed restaurant gevestigd: **Ristorante Castel Toblino** *(di en nov.–feb. gesloten | Via Caffaro 1 | tel. 04 61 86 40 36 | www.castel toblino.com | €€–€€€).*

17 km

**Na nog bijna 20 km** wordt 7 **Trento** (Trente, 115.000 inwoners) bereikt. De mooie stad tussen de Dolomieten en het Gardameer is al eeuwenlang een smeltkroes van de Italiaanse, Duitse en Oostenrijkse cultuur en verbindt Italiaans 'dolce vita' met Centraal-Europese nuchterheid. Laat je in de straatjes van het romantische oude centrum eenvoudig meevoeren met de stroom en geniet van de palazzi, kerken en de vele winkeletalages. Een symbool van de stad is de barokke **Neptunusfontein** uit 1768 op de **Piazza Duomo** (domplein), een van de mooiste pleinen van Italië. Het fijnste uitzicht op dit stadshart biedt **Caffè Italia** *(Piazza Duomo 7).*

7 Trento

Als je opnieuw krachten hebt opgedaan, wacht **tien minuten wandelen verder** het ★ **Museo delle Scienze MuSe** *(di–vr 10–18, za/zo 10–19 uur | Corso del Lavoro e della Scienza 3 | www.muse.it):* in het modernste natuurwetenschappelijk museum van het land verkennen grote en kleine bezoekers met behulp van virtuele opstellingen onze planeet, van de Afrikaanse savanne tot de gletsjers van de Alpen. Ook zijn hier machtige dinosauriërskeletten te zien.

Een centraal en gunstig geprijsd verblijf biedt het **Hotel Venezia** *(50 kamers | Via Rodolfo Belenzani 70 | tel. 04 61 23 45 59 | www.hotelveneziatn.it | €).* Vraag om een kamer met uitzicht op de kathedraal. 's Avonds kun je naar **Ristorante al Vò** *(zo gesloten | Vic. del Vò 11 | tel. 04 61 98 53 74 | www.ristorantealvo.it | €€).* Ouder kan horeca niet zijn: in 1345 opende hier de eerste osteria van Trento (traditionele streekkost). Toeristische informatie: *Via Manci 2 | tel. 04 61 21 60 00 | www.discovertrento.it*

DAG 2

29 km

8 Rovereto

**De volgende dag rijd je over de SS 12** naar 8 **Rovereto** (38.000 inwoners). Van zijn ooit strategisch belangrijke positie getuigt niet alleen het Venetiaanse kasteel boven de levendige straatjes in het oude centrum, maar ook de mix van Italiaanse palazzi en Oostenrijkse bouwstijl. Tot 1919 hoorde de stad in het Adigedal bij de dubbelmonarchie Oostenrijk-Hongarije en in de Eerste Wereldoorlog was het een zwaarbevochten frontplaats. Meer informa-

tie geeft het **Museo Storico Italiano della Guerra** *(di–zo 10–18 uur | Via Castelbarco 7 | www.museodellaguerra.it).*

Het bijzondere van Rovereto is echter de verbinding van verleden, heden en toekomst. Dat wordt duidelijk bij een bezoek in het hypermoderne Museum voor Moderne en Hedendaagse Kunst ★ **Museo di Arte Moderna e Contemporanea di Trento e Rovereto MART** *(di–zo 10–18 uur, vr tot 21 uur) | Corso Bettini 43 | www.mart.trento.it).* Hier wordt hoofdzakelijk Italiaanse kunst uit de 20ste en 21ste eeuw getoond. Het MART herbergt onder andere de belangrijkste verzameling futuristische kunst van Italië. Het gebouw werd ontworpen door de Ticinese architect Mario Botta, die hier de noot te kraken had van een grote nieuwbouw in een overvolle oude binnenstad. Hij rangschikte de drie etages tellende museale ruimtes rond een volmaakt ronde agora, waarboven zich een glazen koepel uitstrekt. Dit centrale plein biedt ruimte aan evenementen voor maximaal 1200 bezoekers.

16 km

Van Rovereto is het dan nog **zo'n halfuur over de SS 240** om terug te keren naar het Gardameer. **Voordat de weg zich omhoog slingert op de Passo San Giovanni (287 m)** loont een korte stop bij het **9 Lago di Loppio**. Dit beschermde wetland, dat alleen na overvloedige neerslag nog iets van een meer heeft, is een oase van rust: de per-

**9 Lago di Loppio**

7 km

Mario Botta: de agora in het moderne museumgebouw MART

fecte plek om voor het einddoel in ❶ **Torbole** → **blz. 45** nog eenmaal de benen te strekken.

❶ Torbole

# 4 OMHOOG NAAR TREMOSINE EN TIGNALE

| | |
|---|---|
| **START:** ❶ **Limone sul Garda**<br>**DOEL:** ❶ **Limone sul Garda** | **1 dag**<br>totaal<br>60–90 min.<br>onderweg |
| Afstand:<br>**Ongeveer 55 km** | |

**KOSTEN:** Museum €5 per persoon
**NIET VERGETEN:** Stevige schoenen

**LET OP:** ❻ **Madonna di Montecastellokerk:** *Pasen–okt. dag. 9–18 uur,* ❽ **museum Parco Alto Garda:** *maart–half dec. za–do 10–17 uur*

**Op deze afwisselende dagtocht ontdek je de zonnige gemeentes van Tremosine in het natuurpark Parco Alto Garda Bresciano. Ingebed tussen steile rotsravijnen en sappige groene weides liggen 17 van de 18 oorspronkelijke dorpjes 600 m boven het meer. Van toeristendrukte is hier weinig te merken. Hier vind je dorpjes met een doolhof aan straatjes, kruidige olijfolie, fijne honing en soms ook truffels. Een adembenemende weg verbindt de Gardesana Occidentale met de hoofdplaats Pieve.**

10:00 Begin in ❶ **Limone sul Garda** → **blz. 32** en **sla op de Gardesana Occidentale voor Campione rechts af naar Tremosine.** Het bochtige panoramaweggetje SP 38, de zogeheten ❷ ★ **Strada della Forra**, voert door de smalle Brasakloof omhoog naar Pieve. Winston Churchill noemde hem 'het achtste wereldwonder' en in 'Quantum of solace' klauterde Daniel Craig als James Bond door het imposante decor. Wie vanaf het meer de huizen van Pieve aan de rand van de hoogvlakte 350 m boven het water ziet staan, vraagt zich af hoe daar een weg kan lopen. De Strada della Forra is inderdaad een bijzonder staaltje van wegenbouw en een unieke panoramabelevenis.

Al na zo'n 2 km kun je op adem komen. **Parkeer kort nadat de kloof heel nauw is geworden aan de linkerkant** bij Ristorante ❸ **La Forra** *(di gesloten | Via Benaco 24 | tel. 03 65 91 81 66 | www.laforra.com | €)* en verken de omgeving te voet. Als de maag dan al knort, strijk je toch direct neer in het restaurant? De pasta wordt zelf gemaakt

❶ Limone sul Garda
8 km
❷ Strada della Forra
2 km
❸ La Forra

1 km

4 Pieve

8 km

en de gestoofde runderfilet in een saus van eekhoorntjesbrood is pure poëzie.

**13:30** Drink na het eten liefst koffie in het nabijgelegen **4 Pieve → blz. 90** op een van de twee 'duizelingwekkende terrassen'. **Hotel Paradiso** ligt direct aan de afgrond boven het Gardameer. Aan het grote terras werd nog een overhangend platform gebouwd, vanwaar de bezoekers bijna 300 m in de diepte op het meer kijken. Als het weer minder goed is, bezoek dan het nabijgelegen restaurant **Miralago**, met een soort hangende panorama-wintertuin. Aansluitend kun je nog een leuke wandeling maken door het historierijke centrum van Pieve, waar vele huizen en gebouwen uit de 18de eeuw liefdevol zijn gerestaureerd.

Wie van truffels houdt, vraagt in het toeristenbureau naar Luca – in de herfst heeft hij soms nog een paar fijne knolletjes op voorraad. Door een woest heuvellandschap en

Hoogtepunt in Pieve: cappuccino op een 'duizelingwekkend terras'

dennenbossen, over groene vlaktes en langs olijfgaarden gaat het verder naar de kaasmakerij **5 Alpe del Garda → blz. 90** in de gemeente Polzone. Op alle splitsingen wijzen borden de weg naar de zuivelfabriek. 's Zomers worden er tweemaal per dag INSIDER TIP gratis rondleidingen met proeverij gegeven. Aangesloten is ook een restaurant en in de goedgesorteerde winkel liggen onder andere de eigen zuivelproducten – fantastisch is de rauwmelkse kaas. Je vindt er ook andere lokale lekkernijen als salami, honing en olijfolie, en, handig, eventueel broodjes voor onderweg.

Pelgrimsdoel op een adembenemende plek: Madonna di Montecastellokerk

**De panoramaweg voert verder naar Tignale.** Ver van de drukte aan het Gardameer gaat het door een ongerept berggebied **nog voor Gardola linksaf** naar het pelgrimsdoel van de **6 Madonna di Montecastellokerk → blz. 90** uit de 17de eeuw. Als een adelaarsnest klampt hij zich vast aan de steile, bijna 700 m loodrecht aflopende rotswand. Na de bezichtiging kun je nog een leuke, 20 minuten korte wandeling maken naar de top van de **7 Monte Castello**. **Loop links langs de kerk en volg de borden 'alla croce' naar het kruis op de top.** Het pad biedt steeds opnieuw bijzondere uitzichten op het meer.

16:15 Wie nu nog wat zou willen weten over het natuurpark Parco Alto Garda, bezoekt tot slot het kleine **8 museum van het natuurpark → blz. 119** in Prabione/Tignale. Het informeert over het ontstaan van het bergmassief aan de rand van het Gardameer en over het leven van de bewoners. Het natuurpark vertoont sterke contrasten: het strekt zich uit van de 65 m hoge oever tot op de bijna 2000 m hoge top. Geen wonder dat zowel klimaat en vegetatie als de sociale en economische kenmerken binnen het park sterk variëren. **Dan daal je over Oldesio en Piovere af naar het meer en via de Gardesana Occidentale keer je terug naar 1 Limone sul Garda.**

# 5 MET DE FIETS LANGS DE MINCIO

**START:** ❶ Peschiera
**DOEL:** ❶ Peschiera

**1 dag**
totaal circa 2,5 uur onderweg

Afstand: **33 km**
Licht **50 hoogtemeters**

**KOSTEN:** Fietshuur €13 per dag, kind €6,50
**NIET VERGETEN:** Water, mondvoorraad, zonnebrandcrème

**LET OP:** Fietsverhuur *(april–okt. dag. 9–19 uur)* in de nabijheid van het fietspad: **Noleggio Bici → blz. 65**

**Deze ruim 30 km lange fietstocht voert door mooie landschappen langs de rivier de Mincio van Peschiera naar Borghetto di Valeggio sul Mincio. Kleine culturele en culinaire hoogtepunten als oude watermolens en handgemaakte tortellini maken de lichte excursie tot een belevenis voor het hele gezin. Het goed aangelegde fietspad voert door het natuurreservaat van de Mincio, waar zich watervogels, vissen en hengelaars ophouden.**

❶ Peschiera

9 km

**10:00** De tocht begint heel Italiaans in **❶ Peschiera → blz. 64** met een cappuccino en een krokante brioche (zoet of hartig gevuld) van **Torta della Nonna** *(dag. | Via Risorgimento 5)*. **Dan gaat het dwars door het oude centrum richting het vestingcomplex aan de rivier, waar het fietspad begint.** De Mincio is overigens de enige afvoer van het Gardameer en stroomt 50 km zuidelijker bij Governolo in de Po. Aangezien de rivier in het verleden een natuurlijke verdedigingslinie vormde, was hij

In de idyllische wijk Borghetto drijft de Mincio nog altijd watermolens aan

vele eeuwen lang van groot strategisch belang. Wie tegenwoordig door het rustige landschap met weides en wijnvelden fietst, kan zich nauwelijks voorstellen dat hier in de 19de eeuw in de Italiaanse bevrijdingsoorlog bloedig werd gestreden tegen de Oostenrijkers. Burchten, stadsmuren en wachttorens langs de oever herinneren nog aan die tijd.

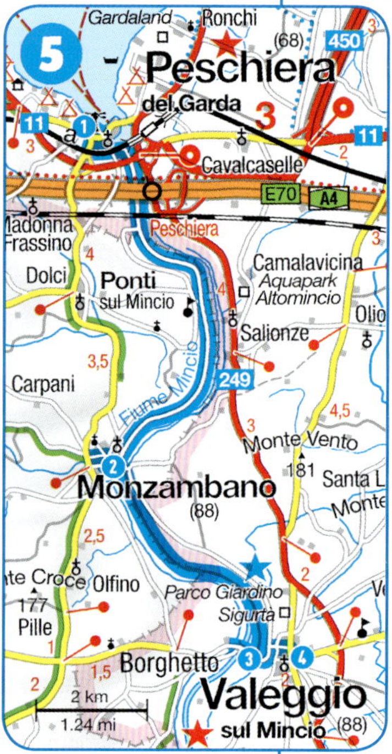


Het goed bewegwijzerde fietspad slingert zich onder de schaduw van de bomen door een natuurlandschap van ooi- of vloedbossen. Hier komen talloze vogelsoorten en ruim 300 soorten water- en oeverplanten voor. Ook de ooievaar is er met succes opnieuw uitgezet. Hengelaars komen graag in dit ongerepte gebied vissen.

**11:30** Na een klein uur duikt de imposante kerktoren van het slaperig aandoende dorp ❷ **Monzambano** op. Tijd voor een korte stop: **over een brug voert de weg omhoog naar het centrum.** In bar **Caffè Frapporti** *(ma gesloten | Piazza Vittorio Emanuele)* kun je aansterken. Imposant is het INSIDER TIP uitzicht van de wachttorens van het **Castello** over het vredige rivierlandschap tot aan het Gardameer. **Aansluitend laat je je weer naar het beneden aan de heuvel gelegen fietspad rollen.**

**12:30** Nu duurt het niet lang meer voor je de machtige muren en torens van de 600 m lange, vestingachtige stuwdam **Ponte Visconteo** → blz. 63 en de torentjes van het fraaie burchtcomplex van Valeggio ziet. Bezoek eerst het oude stadsdeel ❸ **Borghetto** → blz. 63 met de middeleeuwse molenwijk. Hier lijkt de tijd stil te staan – de houten raderen van de watermolens zijn nog intact. Wie nu honger heeft, fietst naar het naburige ❹ **Valeggio sul Mincio** en proeft buiten de toeristenstromen de handgemaakte pastaspecialiteiten in de **Trattoria Il Cavallino** *(do gesloten | Via Giuseppe Verdi 8 | tel. 04 57 95 11 38 | €€).* Tip: gun jezelf een afsluitend *dolce* in de **Pastificio Remelli. Daarna gaat het op je stalen ros over dezelfde weg terug naar** ❶ **Peschiera** → blz. 64.

# SPORT & WELLNESS

**Het Gardameer is bekend en geliefd als sportmeer. Geen wonder, want de hier overheersende winden fascineren sinds jaar en dag surfers en zeilers. Klimmers zijn dol op de kalksteenwanden in het noorden. Op de hier aanwezige paden en trails leven mountainbikers zich uit. Wie alleen wil wandelen, zwemmen of varen, zit er natuurlijk ook goed. In de Romeinse tijd hield men al van de warme bronnen en het milde klimaat: zo liet een rijke Romein 2000 jaar geleden in zijn villa in Sirmione al een thermaal bad bouwen.**

## CANYONING

Sommige avontuurlijke sporten als canyoning kun je niet uitoefenen zonder professionele begeleiding. De volgende bedrijfjes bieden begeleid canyoning aan: *XMountain (Via Frà Giovanni da Schio 1e | San Giovanni Lupatoto | tel. 34 81 46 37 00 | www.xmountain.it); Canyon Adventures (Via Matteotti 122 | Torbole | tel. 33 48 69 86 66 | www.canyonadv.com);* INSIDER TIP *Mmove (Via Legionari Cecoslovacchi 14 | tel. 33 81 93 33 74 | www.mmove.net); Skyclimber (Via Dalco 3 | Tremosine | tel. 3 35 29 32 37 | www.skyclimber.it).*

## DUIKEN

Duikcentra met cursussen en duikexcursies heb je onder andere in Torri del Benaco, Riva del Garda, Salò en Desenzano. In Torbole worden door *Arco Sub* cursus-

## Avonturenspeelplaats voor volwassenen: waterratten en bergliefhebbers kunnen zich echt uitleven aan het Gardameer

sen georganiseerd *(tel. 34 00 04 56 51 | www.arcosub.com)*.

### FIETSEN & MOUNTAINBIKEN

Bij ambitieuze, sportieve fietsers is het alpiene noorden het populairste gebied. Het parcours *Mountain & Garda Bike* strekt zich uit over 218 km en overbrugt daarbij 10.000 hoogtemeters *(www.mountaingardabike.com)*. Rond Riva del Garda vindt eind april en begin mei het *Bike Festival* plaats *(riva.bike-festival.de/index.php?id=133&L=1)*.

De ● Monte Baldo is het geliefdste doel voor fitte mountainbikers. Wie zich de zware klim bergop wil besparen, neemt de kabelbaan uit Malcesine INSIDER TIP die op bepaalde tijden fietsen vervoert. En *Xtreme* bij het dalstation verhuurt niet alleen fietsen, maar brengt ze ook voor je naar boven *(V. Nav. Vecchia 10 | tel. 0457 40 01 05 | www.xtrememalcesine.com)*.

De provincie Verona biedt in de zomermaanden een service met de naam *Bus*

*& Bike (tel. 04 58 05 79 22)*: je neemt de lijnbus (die ook de fiets vervoert) van Garda naar San Zeno di Montagna of Prada op de helling van de Monte Baldo en hoeft vandaar alleen nog maar omlaag. Wie het graag kalm aan doet, verkent het landschap op de vele fietspaden rond het meer. Het Gardameer is nog niet compleet per fiets te ronden, maar elk jaar worden nieuwe delen van het fietspad geopend.

## JOGGEN & TRAILRUNNING

Als je graag hardloopt, vergeet dan je trimschoenen niet. De promenades, landweggetjes, paden en trails rond het Gardameer vormen een paradijs voor joggers. Wie zich graag meet met anderen, heeft de volgende mogelijkheden: de *Lake Garda Marathon (www.lakegardamarathon.com)*, de extreme bergloop *Limone Extreme Skyrace (www.limonextreme.com)* en de *Garda Trentino Half Marathon (www.trentinoeventi.it)*.

## KLIMMEN & BOULDEREN

Arco zou de wieg zijn van de klimsport in Europa. Zeker is in ieder geval dat hier ruim 2000 klimroutes in bijna elke moeilijkheidsgraad te vinden zijn. Wie niet alleen wil klimmen, sluit zich aan bij de plaatselijke berggidsen; het aanbod reikt van Fun Climb en kinderklimmen tot de meest uiteenlopende cursussen. En als het weer eens niet meewerkt, biedt ● *Bouldercity (sept.–juli ma–vr 10–23 uur, za/zo afh. van het weer | Viale Daino 74a | Pietramurata | www.bouldercity.it)* in het Sarcadal een volwaardig alternatief; hier klim je altijd hoog en droog. Een spektakel is de klimwedstrijd *Rock Master (www.rockmaster.com)* in Arco, waar de beste freeclimbers ter wereld jaarlijks naartoe komen.

## PAARDRIJDEN

Buitenritten en hippische excursies organiseren *Ranch Il Bosco (Puegnago sul Garda | tel. 0 36 55 55 05 | www.ranchilbosco.it)*, *Scuderia Castello (Toscolano-Maderno | tel. 03 65 64 41 01 | www.scuderiacastello.it)* en *Club Ippico San Giorgio (Arco | tel. 34 84 43 83 07 | www.clubippicosangiorgio.it)*.

## WANDELEN

Zojuist nog een middeleeuws kasteel gepasseerd en uitgerust onder een olijfboom, en je staat alweer tussen ruige rotsformaties of doorkruist uitgestrekte alpenweides: deze uitersten maken wandelen rond het Gardameer zo aantrekkelijk. Tot de mooiste gebieden behoren de Monte Baldo aan de oostkant, natuurpark Alto Garda Bresciano aan de westkant, het Ledrodal en het Tennomeer in het noorden en de Rocca di Garda, het Minciodal en de Rocca di Manerba in het zuiden.

Iets heel bijzonders is het *Sentiero della Pace* (Vredespad), dat zich van de Passo dello Stelvio tot de Marmolada 500 km uitstrekt langs de frontlinie van de Eerste Wereldoorlog. Het pad verbindt bastions en vestingen, tunnels en begraafplaatsen en grote en kleine musea. Het zuidelijke deel tussen Riva del Garda en Rovereto met de Monte Brione is makkelijk begaanbaar *(zie ook: www.gardatrekking.com/itinerari/alto-garda/monte-brione-sentiero-della-pace)*. Het landschap op dit langeafstandspad is vaak spectaculair, maar bij elke stap worden gevoelige wandelaars eraan herinnerd welke verschrikkingen hier hebben plaatsgevonden. In de bergoorlog die hier tussen 1915 en 1918 woedde, vielen aan beide zijden naar schatting 150.000 tot 180.000 doden.

## WELLNESS

Aan het Gardameer heerst een uniek microklimaat en bovendien borrelen uit de aarde thermale bronnen: uitstekende omstandigheden om je te ontspannen en je laten verwennen. Naast de bekende thermale baden van Sirmione *(www.termedisirmione.com)*, Lazise *(www.villadeicedri.it)*, Santa Lucia di Pescantina *(www.aquardens.it)* en Lido di Arco *(www.gardathermae.it)* zijn ook veel accommodaties goed toegerust.

## WIND- & KITESURFEN

Het koningsnummer op het Gardameer! Het meer is zo geschikt om te surfen omdat het noorden uitloopt in een smal bergdal waar de wind als in een trechter door blaast. Torbole op de noordoever is hét surferswalhalla, in Riva del Garda zijn de omstandigheden ook geschikt voor beginners. Een ander voordeel van de noordpunt van het meer: in het bij Trentino horende deel mogen geen motorboten varen. Surfscholen en -centra met verhuur van planken en andere uitrusting concentreren zich (behalve in Torbole) in Riva del Garda, Malcesine en Gargnano. Kitesurfen is sinds enkele jaren in opkomst; de meeste surfscholen hebben de trendsport al in hun aanbod opgenomen.

## ZEILEN

Sinds de jaren 1960 is het Gardameer dankzij de constante wind een van de geliefdste zeillocaties van Europa. Overal aan het meer vind je zeilscholen. En jaarlijks worden er bijna 100 wedstrijden gehouden, waarvan de beroemdste de in september gevaren *Centomiglia* van Bogliaco is *(www.centomiglia.it)*.

Aan het Gardameer is windsurfen zonder twijfel de populairste sport

# VOOR KINDEREN

**Vakantie aan het Gardameer, dat is zwempret, natuurbeleving en vermaak voor iedereen – mama, papa en de kids. Wanneer zoonlief wil surfen, dochter wil klimmen, pa en ma willen wandelen of eenvoudig rust hebben, dan is dat geen probleem aan het Lago di Garda. Of heb je misschien een combinatie van achtbaan en alpenweide, kunstmuseum en klimpark, mountainbiken en zwemmen op het oog? De variatie in vakantieactiviteiten voor gezinnen aan het Lago di Garda is bijna eindeloos.**

Aan de noordkant van het meer vermaken de oudere kinderen zich graag: hier kunnen ze niet alleen surfen en zeilen, maar ook klimmen of zich uitleven bij het canyoning – en dat altijd in een kindvriendelijke ambiance. Aan de zuidkant van het Gardameer is het water zo ondiep dat ouders hun kroost er prima kunnen laten spelen. De volgende stranden zijn heel geschikt voor kinderen: *Punta Cornicello* in Bardolino (klein, maar met bomen en speelplaats), het *strand aan de haven van Pacengo* (vlak zandstrand, wat bomen, waterfietsverhuur, douches en bar), *Lido di Ronchi* op een steenworp afstand van Gardaland (vlak zand- en grasstrand met bomen, douches en bar) en het *Spiaggia Comunale* in Santa Maria di Lugana voor het schiereiland van Sirmione (brede, met gras begroeide oeverstrook met speelplaats). Op de noordoever in het hart van Riva del Garda lokt het grote *Spiaggia Sabbioni* met veel bomen, een kiezelstrand, kunstmatige zwemeilandjes, speelplaatsen en bars.

## Safari-, water- en pretparken zorgen voor afwisseling, maar de grootste attractie is natuurlijk het meer zelf

### NOORDOEVER

**MUSEO DELLE PALAFITTE**
(137 E3) (*🗺 H2*)
In het paalwoningmuseum in Molina di Ledro aan het Ledromeer in de bergen boven Riva del Garda vergapen groot en klein zich aan wat archeologen hier uit de venige oeverbodem hebben gehaald, waaronder zelfs prehistorische etensresten. *Maart–juni en sept.–nov. di–zo 9–17, juli/aug. dag. 9–18 uur | €3,50, kind €2,50 | www.palafitteledro.it*

**OUTDOOR-AVONTUUR VOOR KINDEREN** (138 C3) (*🗺 J2*)
De alpinismeschool *Mmove (Via Legionari Cecoslovacchi 14 | tel. 3381933374 | www.mmove.net)* in Arco biedt diverse malen per week een kinderklim van 2 uur en klimcursussen aan plus een afwisselend weekprogramma voor het hele gezin.

**REPTILAND** (138 C3) (*🗺 J2*)
Midden in het oude centrum van Riva del Garda ligt dit reptielenhuis. In de terraria

wonen enorme pythons, schorpioenen en gifslangen. *Dag. 11–20 uur | €8, kind €7, tot 8 jaar gratis | Piazza Garibaldi 2 | www.reptiland.it*

### SURFCURSUSSEN VOOR KINDEREN
(138 C3–4) (*🕮 J2*)

In Torbole biedt surfschool *Vasco Renna* cursussen met speciaal voor kinderen ontwikkelde uitrusting aan. *Tel. 04 64 50 59 93 | www.vascorenna.com*

## OOSTOEVER

### CANEVAWORLD (142 C4) (*🕮 H7*)

In dit aan de zuidkant van Lazise gelegen pretpark met een aquapark, Movieland, Rockcafé en Mister Movie-studio's vind je ook een restaurant met middeleeuwse themashows. *Juni–half sept. dag. 10–18 uur (half juli–half aug. tot 19 of 23 uur), april/mei en half sept.–okt. met wisselende sluitingsdagen | €28, kind tot 1,40 m €22, tot 1 m gratis, goedkopere tarieven online | Lazise | wijk Fossalta 58 | www.canevaworld.it*

### GARDACQUA (142 C3) (*🕮 H6*)

Bij wisselvallig weer ga je natuurlijk naar het zwembad. Gardacqua in Garda beschikt over diverse binnen- en buitenbaden, een wellnesszone en een zomergebied met een ligweide onder olijfbomen en zwembaden met waterwerken en een waterglijbaan. *Dag. 9–20 uur | dagkaart €8,50, za/zo €9,50, kind (3–14 jaar) €6,90/7,90 | Via Cirillo Salaorni 10 | www.gardacqua.eu*

### GARDALAND (142 C5) (*🕮 H8*)

Het oudste recreatiepark aan het Gardameer biedt klassiek vermaak à la Disneyland en heeft veel attracties voor alle leeftijden in petto: avontuurlijke types maken een ritje in de legendarische achtbaan Raptor of de Blue Tornado. En de allerkleinsten veroveren Prezzemololand, met het door leuke waterglijbanen omringde sprookjeskasteel. 's Zomers is Gardaland vaak hopeloos vol en heb je op de toegangswegen al veel geduld nodig. *Sterk wisselende openingstijden, april–sept. dag. meestal 10–18 uur, okt.–jan.*

Gardaland op de oostoever: attractie voor kinderen van 2 tot 70 jaar

*soms 10–18 uur, juli–half sept. dag. 10–23 uur | €40,50, kind (>1 m–9 jaar) €34, goedkopere tarieven online | www.gardaland.it*

**JUNGLE ADVENTURE PARK**
(142 C2) (*🕮 H5*)
In het avonturenpark in de bergen boven San Zeno di Montagna klauter je over plankiers langs de boomtoppen en in de tokkeltuin zoef je langs een kabel over het bos. *Mei–half sept. dag. 10–20 uur, april en half sept.–okt. za/zo 10–19 uur | afhankelijk van het parcours €8–34 | www.jungleadventure.it*

**PARCO NATURA VIVA** (143 D5) (*🕮 J7*)
In dit safaripark in het achterland van de plaats Lazise tussen Pastrengo en Bussolengo vallen tijdens een rondrit met de eigen auto loslopende neushoorns, leeuwen en tijgers te zien. De raampjes moeten altijd dicht blijven!
In de naburige dierentuin zal kinderen het Dinosauriërpark bevallen, ook al zijn de oerdieren alleen maar nagemaakt. In de zoo leven in totaal meer dan 280 diersoorten. In het Extinction Park gaan bezoekers miljoenen jaren terug in de tijd. Met levensechte replica's en verschillende nieuwe foefjes wordt de evolutiegeschiedenis van dinosauriërs inzichtelijk gemaakt. *Maart–nov. dag., openingstijden per seizoen wisselend, ongeveer 9–18 uur | combiticket safaripark en dierentuin €20, kind tot 12 jaar €15 | www.parconaturaviva.it*

**RIOVALLI** (143 D4) (*🕮 H7*)
Als alleen zwemmen en luieren niet genoeg zijn, breng dan een bezoek aan het waterpark Riovalli in het achterland van Bardolino aan de oostkant van het meer. *Half juni–half sept. ma–vr 9.30–19, za/zo 9–19 uur | €9 (za €9,50, zo €10,50), kind (3–12 jaar) €7 (za €7,50, zo €8) | Cavaion Veronese | wijk Fosse | aan de autoweg bij Affi | www.riovalli.it*

**SEA LIFE GARDALAND** ●
(142 C5) (*🕮 H8*)
Het grote aquarium op het terrein van recreatiepark Gardaland toont het leven in het water, niet alleen in het Gardameer, maar ook in de wereldzeeën. In 35 grote bassins wemelt het van de krabben en zeesterren tot haaien en adelaarsroggen. In een buitenbassin zie je zeeleeuwen. Er is bovendien een koraalrif aangelegd. *April–sept. dag. 10–18 uur, 's winters wisselende dagen en tijden | €16, kind (>1 m–9 jaar) €10,50, goedkopere tarieven online | www.gardaland.it*

## ZUIDOEVER

**LA FATTORIA DIDATTICA** (0) (*🕮 0*)
De oude boerenhoeve in het *Parco Giardino Sigurtà* is omgetoverd in een kinderboerderij met lokale kippen-, eenden- en kalkoenrassen plus ezels en schapen uit de Monti Lessini. *Maart–sept. dag. 9–18 uur, okt./nov. 9–17 uur | €12,50, kind (5–14 jaar) €6,50 | Valeggio sul Mincio | www.sigurta.it*

## WESTOEVER

**MUSEO DEL PARCO ALTO GARDA BRESCIANO – CENTRO VISITATORI**
(137 E5) (*🕮 H4*)
De ideale activiteit bij regen is het museum in het bezoekerscentrum van Parco Alto Garda Bresciano, waar geologie, flora, fauna en het leven in de regio aanschouwelijk zijn gemaakt (informatiebordjes zijn in het Italiaans, vraag bij de receptie naar vertalingen). *Half april–okt. zo–vr 10–12 en 15–17 uur (zo 14–17 uur) | €5, kind tot 14 jaar €4 | Tignale | wijk Prabione | www.parks.it/parco.alto.garda.bresciano/ecen.php*

# FEESTEN, FESTIVALS & EVENEMENTEN

Vooral in het hoogseizoen vinden rond het meer veel feesten en evenementen plaats. Let op de aankondigingen of informeer bij de toeristenbureaus.

## AGENDA

### PASEN

Op *Venerdì Santo* (Goede Vrijdag) is er een avond-***processie*** door het oude centrum van Limone met veel lichtjes. In Castelletto di Brenzone worden de kruiswegstaties nagespeeld als ***Passiespel***.

### EIND APRIL/BEGIN MEI

***Bikefestival*** *(riva.bike-festival.de)* in Riva, ***Fish & Chef*** *(www.fishandchef.it)* in Malcesine en andere plaatsen aan de oostoever: in gerenommeerde hotels tonen topkoks hun kookkunsten.

### MEI

Een hommage aan de goede oude tijd is de 1000 mijl-autorally ***Mille Miglia*** *(www.1000miglia.eu)* van Brescia naar Rome en terug.

### EIND MEI/BEGIN JUNI

Ter ere van de plaatselijke rosé viert wijndorp Bardolino de grote ***Palio del Chiaretto***, met proeverijen en concerten.

### JUNI

Naar aanleiding van het jubileum vindt in San Martino della Battaglia de ***Rievocazione Storica della Battaglia di Solferino e San Martino*** plaats, de gekostumeerde enscenering van de veldslag uit 1895. *www.solferinoesanmartino.it*

Ter ere van de 'liefdesknoopjes' (tortellini) verandert de fraaie Viscontibrug in Valeggio sul Mincio tijdens het INSIDER TIP ***Festa del Nodo d'Amore*** in een groot openluchtrestaurant.

### JULI

Elk jaar zet het volksfeest ***Sardellata al Chiar di Luna*** in Garda de visjes uit het meer enkele dagen in het zonnetje.

### JULI/AUGUSTUS

In hartje zomer worden in veel plaatsen aan het meer ***concerten*** gegeven, zoals (al vanaf juni) in de regio Alto Garda het *Garda Jazz Festival (www.gardajazz.com)*, in Gardone in het theater van de Vittoriale degli Italiani *(www.anfiteatrodelvittoriale.it)*, de *Estate Musicale del Garda (www.gardalombardia.com)* en de *concertzomer Monte Baldo (www.funiviedelbaldo.it)*.

Het meermaals bekroonde podiumkunstenfestival ***Drodesera Fies Festival***

*(www.centralefies.it)* in een oude waterkrachtcentrale in Dro geeft jonge kunstenaars de kans zich op de kaart te zetten. In de Arena van Verona loopt het ***Operafestival*** *(www.arena.it, van ongeveer juni tot eind augustus).*

Bij het ***Aperitivo sotto le stelle*** *(www.degustibus.org)* (aperitief onder de sterren) in Bardolino verandert de oeverpromenade in een 200 m lange loungebar.

De INSIDER TIP ***Notte di Fiaba*** *(www.nottedifiaba.it)* verandert Riva del Garda vier dagen en nachten in een sprookjesland met theater, muziek, spel en plezier. Hoogtepunt is een enorm vuurwerk.

### SEPTEMBER

Op het dansfestival ***Oriente Occidente*** *(www.orienteoccidente.it)* in Rovereto en in Trento komen internationale dansgroepen optreden.

De ***Centomiglia*** *(www.centomiglia.it)*, de grootste zeilwedstrijd op het Gardameer, start in Gargnano.

### SEPTEMBER/OKTOBER

Eind september en begin oktober vindt in Bardolino het ***Festa dell'Uva e del Vino*** plaats, een wijnfeest met cultstatus, en in Malcesine is nu het smulfeest ***Ciottolando con Gusto*** *(www.ciottolando.com)* met wijnproeverijen en culinaire pleisterplaatsen. Bij het ***Festa del Marrone di San Zeno*** in San Zeno di Montagna draait alles om de (tamme) kastanje.

### OKTOBER

Half oktober reizen duizenden lopers uit de hele wereld af naar het Gardameer voor de jaarlijkse ***Lake Garda Marathon.*** *www.lakegardamarathon.com*

## OFFICIËLE FEESTDAGEN

| | |
|---|---|
| 1 jan. | *Capodanno* (Nieuwjaar) |
| 6 jan. | *Epifania* (Driekoningen) |
| maart/april | *Pasqua e Pasquetta* (1ste en 2de paasdag) |
| 25 april | *Liberazione* (Dag van de bevrijding van het fascisme) |
| 1 mei | *Festa del Lavoro* |
| 2 juni | *Festa della Repubblica* (Nationale feestdag) |
| 15 aug. | *Ferragosto* |
| 1 nov. | *Ognissanti* |
| 8 dec. | *Immacolata Concezione* |
| 25 dec. | *Natale* (Kerstmis) |
| 26 dec. | *Santo Stefano* (2de kerstdag) |

# LINKS, BLOGS, FILMPJES & APPS

LINKS & BLOGS

www.garda-outdoors.com Een goed gemaakte en actuele blog rond het Gardameer (helaas alleen in het Italiaans), met bijvoorbeeld tips voor activiteiten in het weekend en culinaire adressen

www.gardameer.com/webcam-gardameer Een aantal webcams aan het Gardameer, onder andere in Bardolino, Brenzone en Desenzano. Check het weer, de drukte op dat moment of andere interessante aspecten

www.gardagreentourism.eu Het initiatief Garda Green Line is een nieuw project dat landelijke regio's en natuurlijk toerisme promoot

www.gardameer-nu.nl/sport.html Wie informatie of adressen zoekt rond het enorme sportaanbod in de regio, is hier aan het juiste adres

www.gardameer-nu.nl/met-kinderen.html Tips voor diverse leuke kinderactiviteiten aan en rond het Gardameer

ciaotutti.nl/reizen-door-italie/uit-de-oude-doos 'De ontdekkingsblog door Italië' van Saskia biedt toffe verhalen en tips over de mooiste plekken aan het Gardameer. Klik op de overzichtskaart onder 'Stedentrips' in de zwarte balk en je ziet algauw wat de website over het Lago Benaco te bieden heeft. Interessant, leuk en mooi, omdat de blog goed onderhouden wordt en mooie foto's biedt. De bijna onontkoombare 'commerciële' links naar een vluchtboekingssite en hotels storen niet

www.interchalet-vakantiehuis.nl Verhuurder van vakantiewoningen met redelijk geprijsde accommodaties

http://www.gardafriends.com/social-media-gardameer/fb Het Gardameer op Facebook: de snelstgroeien-

# Laat je inspireren door het internet. Deze webadressen en apps kunnen je vakantie nog geweldiger maken

de Nederlands/Belgische community van de Gardameervrienden

blog.gardatrentino.it/en De blog van het toeristenbureau in het Trentinese deel van het meer voorziet je van interessante info over de noordoever

## VIDEO'S & STREAMS

www.youtube.com/watch?v=9RxyGlVj4lo Rij maar mee: een fraaie tocht op de motor door de Brasakloof van Pieve naar Limone

www.youtube.com/watch?v=fhSRJ_puySA Video met Adam Ondra, de Tsjechische topklimmer. In het Italiaans, maar met mooie beelden

www.youtube.com/watch?v=O3vKCYNFqyE Rondgang door André Hellers botanische tuin in Gardone Riviera

www.youtube.com/watch?v=deYtJfmUE4k Door een gids begeleide canyoningtocht in de Rio Nerokloof in het Ledrodal

www.youtube.com/watch?v=2Wb4GRd-nV8 Must voor mountainbikers: downhill van de Tremalzopas als relaxte video met de hoofdcamera

www.youtube.com/watch?v=6aD1pHJGe9g Sfeervolle video over de Marocche di Dro, een van de grootste rotspuinhellingen van Europa

## APPS

Genuss & Lifestyle Gardasee (ook in het Engels) helpt genieters aan het Gardameer datgene te vinden waar je pet naar staat: een goed visrestaurant, een boer die olijfolie verkoopt of een aanlokkelijke delicatessenzaak

Gardasee GPS Bikeguide Met deze app vind je altijd de weg

Gardasee Trentino Guide (ook in het Engels) Heel handige tool om de vakantie aan het noordelijke Gardameer te plannen

Garda App Deels buiten de getreden paden voert de app mountainbikers, klimmers en zeilers naar hun spots. Met eet- en shoptips; ideale vakantievoorbereider

# PRAKTISCHE INFORMATIE

## DE REIS NAAR HET GARDAMEER

De eenvoudigste en snelste autoroute naar het Gardameer vanuit Nederland gaat via Duitsland en Oostenrijk door de Brennertunnel naar Italië. Wie zich het verplichte tolgeld voor de snelweg en tunnel wil besparen of het liever wat rustiger aan doet, kan ook de oude weg over de Brennerpas nemen. Vanaf Trento heb je twee mogelijkheden: je daalt af in het Sarcadal en benadert het Gardameer via Arco en Riva del Garda of je rijdt tot de snelwegafslag Rovereto-Sud en gaat via Nago naar Torbole. Deze route heeft als voordeel dat er zich op de laatste kilometer vanaf Nago mooie uitzichten op het meer ontvouwen. Wie naar het zuidelijke Gardameer wil, rijdt tot de snelwegafslag Affi nabij Bardolino en Garda. Wie via Zwitserland reist, bereikt het Gardameer over de Gotthardsnelweg en de A 4 Milaan–Venetië (afslagen bij Desenzano, Sirmione en Peschiera del Garda). Voor het gebruik van de snelwegen in Oostenrijk en Zwitserland is een vignet noodzakelijk, op de Italiaanse snelweg wordt afstandsgebonden tol geheven. Vignetten zie *www.anwb.nl*

Er is geen rechtstreekse treinverbinding tussen Amsterdam/Brussel en het Gardameer. De snelste mogelijkheid is via Basel en Milaan naar Peschiera (circa 14 uur) in het zuiden. Een andere goede optie is via Frankfurt en München over de Brennerroute naar Rovereto. Vanuit Brussel gaat de trein via Parijs en Genève naar Milaan. Vanuit Rovereto rijden bussen dan direct naar de noordoever van het Gardameer. Verona is ook een belangrijk verkeersknooppunt voor het Gardameer: treinen en bussen rijden vandaar in korte tijd naar onder andere Peschiera en Desenzano. *www.nsinternational.nl, www.b-europe.com*

De langeafstandsbussen van Eurolines rijden goedkoop naar Milaan en Verona (circa 22 uur, vanaf Amsterdam en Brussel). Flixbus rijdt 's zomers van Amsterdam rechtstreeks naar Peschiera del Garda (circa 26 uur). *www.eurolines.nl, www.flixbus.nl, www.checkmybus.it*

De luchthaven van Verona, Valerio Catullo *(www.aeroportoverona.it)*, ligt het dichtst bij het Gardameer. De budgetmaatschappij Transavia vliegt van Amsterdam naar Verona en Milaan, dat

## GROEN & FAIR

Met vakantie kun je zelf veel bijdragen als het gaat om verantwoord reizen. Houd bijvoorbeeld de $CO_2$-balans van je reis in de gaten *(www.atmosfair.de; myclimate.org)*, plan je route milieubewust *(www.routerank.com)*, en let op de natuur en cultuur in je vakantieland *(www.fairtourism.nl; www.ecotrans.de)*. Juist toeristen kunnen op aspecten als natuurbehoud *(www.wnf.nl)*, regionale producten, beperkt autogebruik (meer fietsen), waterbesparing e.d. letten. Als je meer wilt weten over ecologisch toerisme kijk dan bijvoorbeeld op: *www.oete.de* (ook in het Engels) en *www.ecosia.org* (een groene zoekmachine).

**Antwoorden op alle praktische vragen die rondom je vakantie aan het Gardameer kunnen opkomen**

1,5 uur per auto van het Gardameer ligt; Easyjet vliegt alleen naar Milaan.
Er is geen treinverbinding van de luchthaven van Verona naar de stad, maar om de 20 minuten rijdt de Aerobus van de aankomsthal naar het hoofdtreinstation Verona Porta Nuova (enkele reis €6). Van het hoofdstation vertrekken treinen naar plaatsen aan het Gardameer en naar Trento en Rovereto *(www.italiarail.com)*. Van half juni tot half september rijdt buslijn 164 om het uur via Peschiera langs de oostoever naar Garda (met aanlsuiting op Riva del Garda), een enkeltje kost naar gelang de bestemming €3,50–6 *(www.atv.verona.it)*. Bovendien zijn er particuliere pendelbusdiensten, zoals Europlan *(www.europlan.it/transfer)* en Lake Garda Transfer *(www.lakegardatransfer.com)*, en veel hotels en kampeerterreinen bieden een eigen luchthaventransfer.

## AANKOMST & DOUANE

Reizigers uit een EU-land worden (doorgaans) niet gecontroleerd aan de Italiaanse grens, maar moeten wel een identiteitsbewijs bij zich hebben. In hotels wordt bij inchecken soms om een paspoort gevraagd. In Italië mogen EU-burgers voor persoonlijk gebruik belastingvrij waren in- en uitvoeren (bijvoorbeeld 800 sigaretten of 200 sigaren, 90 l wijn, 10 l sterkedrank). *www.douane.nl, www.belgium.be*

## ALARMNUMMERS

Algemeen alarmnummer *tel. 112;* medisch noodgeval en redding in de bergen *tel. 118;* brandweer *tel. 115*

## AMBASSADES & CONSULATEN

**NEDERLANDS CONSULAAT-GENERAAL**
*Via Gaetano Donizetti 20 (1e verdieping) | 20122 Milaan | tel. 0039 02 4855841 (24 uur) | mil@minbuza.nl*

**NEDERLANDSE AMBASSADE**
*Via Michele Mercati 8 | 00197 Rome | tel. 0039 06 32286001 (24 uur) | rom@minbuza.nl*

**BELGISCH HONORAIR CONSULAAT**
*Future Leader Society, Piazza Cadorna 9 | 20123 Milaan | tel. 0039 02 36795580 | cons.on.belgio.mi@futureleadersociety.com*

**BELGISCHE AMBASSADE**
*Via Giuseppe de Notaris 6 | 00197 Rome | tel. 0039 06 3609511 | Rome@diplobel.fed.be*

## AUTO

De maximumsnelheid binnen de bebouwde kom bedraagt 50 km/u, op provinciale wegen 90 km/u, op autowegen 110 km/u en op snelwegen 130 km/u. In Italië moet op alle wegen buiten de bebouwde kom ook overdag het dimlicht aan zijn, voor motoren en scooters geldt dat overal. De promillagegrens voor alcohol is 0,5. Voor elke passagier moet er in de auto een fluorescerend waarschuwingsvest liggen, dat bij pech of een ongeval buiten de bebouwde kom bij het verlaten van het voertuig moet worden gedragen.
Italië treedt streng op tegen verkeersovertreders. Voor bestuurders tot 21 jaar

en in de eerste drie jaar na het behalen van het rijbewijs geldt een absoluut alcoholverbod. Beginnende bestuurders mogen op autowegen maximaal 90 km/u en op snelwegen maximaal 100 km/u rijden. Wie na het invallen van de duisternis buiten de bebouwde kom fietst, moet een fluorescerend waarschuwingsvest dragen.

In de dorpen aan het meer zijn bijna alleen betaalde parkeerplaatsen, en de politie schrijft onverbiddelijk boetes uit. Bijna alle benzinestations (behalve op de snelweg) zijn 's middags en op zo gesloten, maar vaak kun je dan tanken via een automaat. Pechdienst: *tel. 80 31 16*

## AUTOVERHUUR

In veel plaatsen aan het meer vind je internationale en lokale autoverhuurders *(autonoleggio)*. Reserveer in het hoogseizoen bij voorkeur ruim van tevoren een auto; bovendien is een voorafgaande onlineboeking bijna altijd goedkoper.

## BUS

Het kan niet vaak genoeg worden gezegd: laat de auto op het parkeerterrein bij het hotel en gebruik het openbaar vervoer. De wegen rond het meer zijn chronisch verstopt. De busreis van Riva del Garda naar Limone kost nog geen €2, een uur parkeren in Limone kost daarentegen al circa €1. Dienstregelingen vind je in toeristenbureaus of online. Voor zover het verkeer het toelaat, rijden de bussen redelijk op tijd. Kaartjes *(biglietti)* zijn voor vertrek gekocht het goedkoopst (in de grotere plaatsen bij het centrale loket op het busstation en anders in *tabacchi*, tabakszaken). In de bussen zelf kosten kaartjes al bijna het dubbele. Meer info vind je op: *www.ttspa.it, www.atv.verona.it, www.bresciamobilita.it*

## FOOI

Meestal wordt de service aan tafel al in rekening gebracht. Dit bedrag vervangt de in Italië weinig gebruikelijke fooi. Aan het Gardameer hebben de noordelijke fooitraditie en het zuidelijke *coperto*-gebruik zich echter vermengd, zodat een fooi hier gebruikelijker is, maar in geen geval wordt verwacht. Laat je eerst het wisselgeld teruggeven, waarna je een eventuele fooi (bij tevredenheid) op het schoteltje achterlaat.

## GELD

Geldautomaten zijn bijna overal voorhanden. De meest gangbare creditcards worden geaccepteerd bij benzinestations, in bijna alle hotels, de meeste restaurants en veel winkels.

## GEZONDHEID

In geval van ziekte is het vaak het eenvoudigst om de arts en medicijnen ter plaatse te betalen en de rekening bij de verzekeraar thuis te declareren. Ook de Europese zorgverzekeringskaart (EHIC, zie www.ehic.nl) wordt geaccepteerd. In het zomerseizoen neemt de polikliniek *Guardia Medica Turistica* de zorg voor vakantiegangers op zich. Adressen: *www.lagodigarda.it/info-utili/guardia-medica-turistica/1185-4-1.html*

## INTERNET & WIFI

Niet alleen de grote hotels, ook veel gemeentes bieden tegenwoordig wifi-hotspots. Gratis is bijvoorbeeld het netwerk *Free Luna (www.futur3.it)*, dat vooral het noordelijke Gardameergebied dekt. In Bardolino biedt het netwerk *Comune di Bardolino* alle gebruikers van een Italiaanse simkaart gratis toegang. Anderen

registreren zich met een creditcard en betalen €3 per dag of €10 per week. Wie onbeperkt internettoegang wil hebben, koopt het best een Italiaanse simkaart waarmee je een maand lang kunt surfen (bijv. €13 voor 2 GB en €33 voor 10 GB).

## KAMPEREN

Niet het hele Gardameer biedt een geschikt terrein voor campings; in het noorden is er vanwege de steile rotswanden te weinig plaats. Daarom liggen de meeste campings in het zuiden, vooral in de Valtenesi tussen Desenzano en Salò. Een staanplaats kost circa €13 per dag, plus nog €9 per volwassene en €7 per kind per dag.

## KLIMAAT & REISPERIODE

Ook 's winters daalt het kwik zelden onder het nulpunt. Aan bepaalde delen van het meer zijn dan wel veel hotels gesloten, maar de oude badplaatsen op de westoever ademen in elk seizoen hun belle-epoquecharme. Boven in de bergen sneeuwt het, aan het Gardameer kun je wandelen in de zon. Waarschijnlijk is het voorjaar de beste reisperiode: in het zachte weer kun je dan goed wandelen, de hoteltarieven zijn veel gunstiger (behalve met Pasen) en onderdak is moeiteloos te vinden. 's Zomers kan het warm worden, hoewel het briesje de temperaturen dragelijk maakt. Bovendien lijkt heel Noord-Italië hier dan zomervakantie te vieren. In de weekends van augustus wordt het stratennet rond het meer één grote file: kilometerslang stapvoets rijden op de wegen en hudjemudje op de stranden. Om te wandelen is de herfst de ideale tijd: wekenlang rustig weer is geen zeldzaamheid en op de top van de Monte Baldo kun je dan tot aan Verona kijken.

## KRANTEN

In kiosken en tijdschriftenwinkels zijn Nederlandse kranten en magazines meestal de volgende dag verkrijgbaar. De Duitstalige Gardameerkrant *(www.gardaseezeitung.it)* verschijnt maandelijks (in hartje zomer tweemaal per maand) en ligt gratis in kiosken en bij toeristenbureaus. De krant bevat onder andere data van evenementen en boot- en busdienstregelingen. De online versie van de Gardameerkrant biedt links naar diverse webcams rond het meer en andere nuttige informatie en links.

## WAT KOST HET?

| | |
|---|---|
| koffie | €1,50–3<br>*voor een cappuccino* |
| snack | vanaf €3,50<br>*voor een belegde panino* |
| wijn | €1–1,80<br>*voor 0,1 l in de bar* |
| olijfolie | vanaf €15<br>*voor 1 l olio extravergine* |
| benzine | circa €1,55<br>*voor 1 l euro 95* |
| kabelbaan | €22<br>*voor een retour op de Monte Baldo* |

## OPENINGSTIJDEN

De winkelopeningstijden zijn in Italië niet uniform vastgelegd, maar als vuistregel kun je aanhouden: ma–za 9–12 uur en 15.30–19 uur, grotere supermarkten vaak ook zonder middagpauze. In veel plaatsen zijn winkels in voetgangerszones 's avonds tot 22 uur geopend. De meeste levensmiddelenzaken zijn ook op zondagochtend geopend.

## POST

Postzegels *(francobolli)* zijn te koop op het postkantoor en in tabakszaken *(tabacchi)*, maar zelden op verkooppunten van ansichtkaarten.

## PRIJZEN

Wie van zijn cappuccino wil genieten met uitzicht op het meer, betaalt algauw dubbel zoveel als aan de bar. Wie meer wil dan een pizza (vanaf €6,50) en echt Italiaans wil eten (dus antipasti of pasta, hoofdgerecht, dessert en wijn), is algauw €30–40 kwijt. Onder €60 is een tweepersoonskamer bijna niet te vinden.

## STRANDEN

Het typische strand rond het Gardameer is een kiezelstrand. Op de waterkwaliteit en zwemveiligheid wordt in het badseizoen (mei tot september) toegezien. Honden en naaktrecreanten zijn niet overal welkom. Vooral aan de oost- en westoever zijn de strandjes vaak smal en/of liggen ze onder aan de weg. Ten oosten van Riva del Garda strekken zich 1,5 km lang brede stranden uit: *Sabbioni, Porfina* en *Dei Pini,* met uitgestrekte ligweides, bars, toiletten, douches en speelplaatsen. Het populaire *Spiaggia di Paina* ligt ten noorden van Malcesine achter de wijk Retelino. De meeste baaien van Brenzone zijn heel smal en niet zo geschikt voor gezinnen met kleine kinderen. Bijzonder mooie zwemplekken vind je hier in de wijken Cassone en Castelletto. Tussen Garda en Bardolino ligt een natuurgebied met rietkragen, veel vogels en rustige ligweides. Drukker is het

## HET WEER IN RIVA DEL GARDA

| | jan. | feb. | mrt. | april | mei | juni | juli | aug. | sept. | okt. | nov. | dec. |
|---|---|---|---|---|---|---|---|---|---|---|---|---|
| Temperatuur overdag in °C | 5 | 7 | 12 | 17 | 20 | 24 | 27 | 26 | 22 | 16 | 11 | 6 |
| Temperatuur 's nachts in °C | 1 | 1 | 4 | 9 | 13 | 17 | 19 | 18 | 15 | 10 | 5 | 2 |
| Zonuren per dag | 3 | 4 | 5 | 5 | 6 | 7 | 8 | 7 | 6 | 6 | 3 | 3 |
| Neerslagdagen per maand | 5 | 5 | 7 | 9 | 11 | 10 | 8 | 8 | 7 | 8 | 8 | 6 |
| Watertemperatuur in °C | 8 | 6 | 8 | 10 | 13 | 18 | 20 | 21 | 19 | 16 | 12 | 10 |

 Zonuren per dag  Neerslagdagen per maand  Watertemperatuur in °C

in Garda op de lange *Spiaggia del Corno,* een vlak kiezelstrand. Tussen Lazise en Peschiera liggen de breedste stranden – sommige zelfs met zand – met ondiep zwemwater en een goed georganiseerd recreatieaanbod (deze stranden zijn 's zomers wel overvol). Een klassieker is *Lido delle Bionde* in Sirmione aan de voet van Romeinse ruïnes. Rond Manerba vind je lange stranden die in trek zijn bij gezinnen met kinderen. Ten zuiden van het grote parkeerterrein in Limone ligt het mooiste strand, *Spiaggia Cola,* met toiletten, restaurants en bars.

## TELEFOON & MOBIEL

Het landnummer van Italië is 0039. De 0 aan het begin van het netnummer moet altijd worden gekozen, of je nu vanuit het buitenland belt of lokaal. Mobiele telefoonnummers (vaak 338 of 339) worden altijd zonder 0 getoetst. Landnummer van Nederland 0031, van België 0032. Telefoonkaarten koop je in *tabacchi*-winkels. Met een Italiaanse prepaidkaart (bij kiosken of in belwinkels) vervallen de kosten voor inkomende gesprekken meestal.

## TOEGANGSPRIJZEN

In populaire attracties als het MART in Rovereto, de Giardino Botanico André Heller en Vittoriale degli Italiani in Gardone Riviera betaal je tussen €11 en €16. De Grotte di Catullo, de burcht in Sirmione en de Cascata del Varone in Riva del Garda kosten €5–6. Heel duur zijn pretparken als Gardaland (vanaf €37). In veel musea krijgen kinderen en senioren (tot 12 jaar en vanaf 60 jaar) gratis toegang. Met de ● *Garda Promotions Card* kun je geld besparen; hij geeft recht op korting in musea en recreatieparken, zoals in de Vittoriale degli Italiani, in het Parco Natura Viva, in de Arena van Verona, in Gardaland en Canevaworld, en bovendien korting voor boottochten en de kabelbaan van Malcesine. De kaart is gratis verkrijgbaar in toeristenbureaus en in de meeste hotels.

## TOERISTENINFO

**ITALIAANS VERKEERSBUREAU NEDERLAND EN BELGIË**

*Nederland: www.enit.it/nl, www.italia.it/en*
*België: Émile Clausstraat 28 | 1050 Brussel | tel. 02 647 11 54 | brussels@enit.it | www.enit.it/nl | www.italia.it/en*

**INFORMATIEVE WEBSITES**

Een informatieve website over vakanties rond het Gardameer is *www.gardameernu.nl.* De officiële, gezamenlijke toerismewebsite van de regio's Trentino, Veneto en Lombardije is *www.visitgarda.com.* Uitgebreide reisinformatie over de meeroever van elke regio, het achterland en accommodaties staat op *www.garda lombardia.com, www.gardatrentino.it* en *www.lagodigardaveneto.com*

## VEERBOOT

● De autoveren Maderno–Torri del Benaco (overdag om het uur) en Limone–Malcesine (tienmaal per dag) besparen je een rit rond het halve meer. Bovendien vaart in het hoogseizoen het autoveer Riva del Garda–Desenzano met onderweg slechts enkele stops. Veerboten voor alleen passagiers tussen Desenzano en Riva del Garda doen een groot aantal plaatsen langs het Lago di Garda aan. In hartje zomer worden 's avonds cruises georganiseerd. Dienstregelingen zijn verkrijgbaar bij de toeristenbureaus en op de aanlegsteigers; daar vind je ook kaartjes, die van tevoren moeten worden gekocht. *www.navlaghi.it*

# TAALGIDSJE ITALIAANS

## UITSPRAAKREGELS

| | |
|---|---|
| c, cc | voor 'e, i' als 'tsj', bijv. dieci, verder als 'k' |
| ch, cch | als 'k', bijv.: pacchi, che |
| g, gg | voor 'e, i' als 'dzj', bijv.: gente |
| gl | als 'lj' in 'biljet', bijv.: figlio |
| gn | als in 'cognac', bijv.: bagno |
| sc | voor 'e, i' als 'sj', bijv.: uscita |
| sch | als 'sk' in 'skelter', bijv.: Ischia |
| z | als 'ts' |

Een accentteken wordt in het Italiaans alleen gebruikt wanneer de laatste lettergreep de klemtoon heeft. In de overige gevallen is de klemtoon in het taalgidsje aangegeven door een punt onder de betreffende klinker.

### ONMISBARE BEGRIPPEN

| | |
|---|---|
| ja/nee/misschien | sì/no/fọrse |
| alstublieft/dank u | per favọre/grạzie |
| Sorry!/Neem me niet kwalijk! | Scụsa!/Scụsi! |
| Wat zegt u? Pardon? | Cọme dịce?/Prẹgo? |
| Goedemorgen!/Goedendag!/ | Buọn giọrno!/Buọn giọrno!/ |
| Goedenavond!/Goedenacht! | Buọna sẹra!/Buọna nọtte! |
| Hallo!/Dag!/Tot ziens! | Cịao!/Cịao!/Arrivedẹrci! |
| Ik heet ... | Mi chịamo ... |
| Hoe heet u?/Hoe heet je? | Cọme si chịama?/Cọme ti chịami? |
| Ik wil graag .../Hebt u ...? | Vorrẹi .../Avẹte ...? |
| Hoeveel kost ...? | Quạnto cọsta ...? |
| Dat wil ik (niet). | (Non) mi piạce. |
| goed/slecht | buọno/cattịvo |
| kapot/werkt niet | guạsto/non funziọna |
| te veel/veel/weinig/alles/niets | trọppo/mọlto/pọco/tụtto/niẹnte |
| Help!/Kijk uit!/Pas op! | aiụto!/attenziọne!/prudẹnza! |
| ziekenauto/politie/brandweer | ambulạnza/polizịa/vịgili del fuọco |
| verbod/verboden/gevaar/gevaarlijk | diviẹto/vietạto/perịcolo/pericolọso |

### DAGEN & TIJDEN

| | |
|---|---|
| maandag/dinsdag | lunedì/martedì |
| woensdag/donderdag | mercoledì/giovedì |
| vrijdag/zaterdag | venerdì/sạbato |

# Spreek je Italiaans?

**'Parli italiano?' Hier vind je de belangrijkste woorden en zinnen voor je vakantie**

| | |
|---|---|
| zondag/werkdag/feestdag | domẹnica/(giọrno) feriạle/festịvo |
| vandaag/morgen/gisteren | ọggi/domạni/iẹri |
| uur/minuut/dag/nacht | ọra/minụto/giọrno/nọtte |
| week/maand/jaar | settimạna/mẹse/ạnno |
| Hoe laat is het? | Che ọra è? Che ọre sọno? |
| Het is drie uur./Het is half vier. | Sọno le tre./Sọno le tre e mẹzza. |
| kwart voor vier/kwart over vier | le quạttro mẹno un quạrto/le quạttro e un quạrto |

## ONDERWEG

| | |
|---|---|
| open/gesloten | apẹrto/chiụso |
| ingang/inrit/uitgang/uitrit | entrạta/entrạta/uscịta/uscịta |
| vertrek/vertrek (vliegtuig)/aankomst | partẹnza/partẹnza/arrịvo |
| toiletten/dames/heren | bạgno/signọre/signọri |
| (geen) drinkwater | ạcqua (non) potạbile |
| Waar is ...?/Waar zijn ...? | Dov'è ...?/Dọve sọno ...? |
| links/rechts/rechtdoor/terug | sinịstra/dẹstra/drịtto/indiẹtro |
| dichtbij/ver | vicịno/lontạno |
| bus/tram/metro/taxi | bus/tram/metropolitạna/tạxi |
| halte/taxistandplaats | fermạta/postẹggio tạxi |
| parkeerplaats/parkeergarage | parchẹggio/parchẹggio copẹrto |
| stadsplattegrond/(land)kaart | piạnta/mạppa |
| station/haven/luchthaven | staziọne/pọrto/aeropọrto |
| dienstregeling/kaartje/toeslag | orạrio/bigliẹtto/supplemẹnto |
| enkele reis/retour | sọlo andạta/andạta e ritọrno |
| trein/spoor/perron | trẹno/binạrio/banchịna |
| Ik wil graag ... huren. | Vorrẹi noleggiạre ... |
| een auto/een fiets/een boot | ụna mạcchina/ụna biciclẹtta/ụna bạrca |
| benzinestation/benzine/diesel | distributọre/benzịna/gasọlio |
| pech/garage | guạsto/officịna |

## ETEN & DRINKEN

| | |
|---|---|
| Ik wil voor vanavond een tafel voor vier personen reserveren. | Vorrẹi prenotạre per stasẹra un tavọlo per quạttro persọne. |
| op het terras/aan het raam | sụlla terrạzza/vicịno ạlla finẹstra |
| De kaart, alstublieft. | Il menù, per favọre. |
| fles/karaf/glas | bottịglia/carạffa/bicchiẹre |
| mes/vork/lepel | coltẹllo/forchẹtta/cucchiạio |
| zout/peper/suiker | sạle/pẹpe/zụcchero |
| azijn/olie/melk/room/citroen | acẹto/ọlio/lạtte/pạnna/limọne |

| | |
|---|---|
| koud/te zout/niet gaar | frẹddo/trọppo salạto/non cọtto |
| met/zonder ijs/koolzuur | con/sẹnza ghiạccio/gas |
| vegetariër (m/v/)/allergie | vegetarịano/vegetarịana/allergịa |
| Mag ik de rekening, alstublieft. | Vorrẹi pagạre, per favọre |
| rekening/bonnetje/fooi | cọnto/ricevụta/ mạncia |

## WINKELEN

| | |
|---|---|
| Waar vind ik ...? | Dọve pọsso trovạre ...? |
| Ik wil graag .../Ik zoek ... | Vorrẹi .../Cẹrco ... |
| apotheek | farmacịa |
| bakker | fọrno |
| markt | mercạto |
| winkelcentrum/warenhuis | cẹntro commerciạle/grạnde magazzịno |
| levensmiddelenwinkel | negọzio alimentạre |
| supermarkt | supermercạto |
| tijdschriftenwinkel | giornalạio |
| kiosk | edịcola |
| 100 gram/1 kilo | un ẹtto/un chịlo |
| duur/goedkoop/prijs | cạro/econọmico/prẹzzo |
| meer/minder | di più/di mẹno |
| biologisch geteeld | di agricoltụra biolọgica |

## VERBLIJF

| | |
|---|---|
| Hebt u nog ...? | Avẹte ancọra ...? |
| eenpersoons-/tweepersoonskamer | ụna (cạmera) sịngola/ụna dọppia |
| ontbijt/halfpension/volpension | colaziọne/mẹzza pensiọne/ pensiọne complẹta |
| douche/bad/balkon/terras | dọccia/bạgno/balcọne/terrạzza |
| sleutel/keycard | chiạve/schẹda magnẹtica |
| bagage/koffer/tas | bagạglio/valịgia/bọrsa |

## BANKEN & GELD

| | |
|---|---|
| bank/geldautomaat/pincode | bạnca/bancomạt/cọdice segrẹto |
| contant/creditcard | in contạnti/cạrta di crẹdito |
| bankbiljet/munt/wisselgeld | banconọta/monẹta/il rẹsto |

## GEZONDHEID

| | |
|---|---|
| arts/tandarts/kinderarts | mẹdico/dentịsta/pediạtra |
| ziekenhuis/eerste hulp | ospedạle/prọnto soccọrso |
| koorts/pijn | fẹbbre/dolọri |
| diarree/misselijkheid/zonnebrand | diarrẹa/nạusea/scottatụra solạre |
| ontstoken/gewond | infiammạto/ferịto |

| | |
|---|---|
| pleister/verband/zalf/crème | cerọtto/fasciatụra/pomạta/crẹma |
| pijnstiller/tablet/zetpil | antidolorifịco/comprẹssa/suppọsta |

## COMMUNICATIE & MEDIA

| | |
|---|---|
| postzegel/brief/ansichtkaart | francobọllo/lẹttera/cartolịna |
| Ik heb een telefoonkaart nodig voor het vaste net. | Mi sẹrve ụna schẹda telefọnica per la rẹte fịssa. |
| Ik zoek een prepaidkaart voor mijn mobiel. | Cẹrco ụna schẹda prepagạta per il mịo cellulạre. |
| Waar kan ik internetten? | Dọve trọvo un accẹsso ịnternet? |
| Moet ik een toegangsnummer kiezen? | Ci vuọle un prefịsso particolạre? |
| kiezen/verbinding/in gesprek | compọrre/lịnea/occupạto |
| stopcontact/adapter/oplader | prẹsa/riduttọre/caricabatterịe |
| computer/batterij/accu | compụter/batterịa/accumulatọre |
| at-teken ('apenstaartje') | chiọcciola |
| internetadres/e-mailadres | indirịzzo ịnternet/indirịzzo emaịl |
| internetaansluting/wifi | collegamẹnto ịnternet/wi-fi |
| e-mail/bestand/printen | emaịl/fịle/stampạre |

## RECREATIE

| | |
|---|---|
| strand/strandtent | spiạggia/stabilimẹnto balneạre |
| parasol/ligstoel | ombrellọne/sdrạio |
| kabelbaan/stoeltjeslift | funivịa/seggiovịa |
| (berg)hut/lawine | rifụgio/valạnga |

## GETALLEN

| | | | |
|---|---|---|---|
| 0 | zẹro | 17 | diciassẹtte |
| 1 | ụno | 18 | diciọtto |
| 2 | dụe | 19 | diciannọve |
| 3 | tre | 20 | vẹnti |
| 4 | quạttro | 21 | ventụno |
| 5 | cịnque | 30 | trẹnta |
| 6 | sẹi | 40 | quarạnta |
| 7 | sẹtte | 50 | cinquạnta |
| 8 | ọtto | 60 | sessạnta |
| 9 | nọve | 70 | settạnta |
| 10 | dịeci | 80 | ottạnta |
| 11 | ụndici | 90 | novạnta |
| 12 | dọdici | 100 | cẹnto |
| 13 | trẹdici | 1000 | mịlle |
| 14 | quattọrdici | 2000 | duemịla |
| 15 | quịndici | ½ | un mẹzzo |
| 16 | sẹdici | ¼ | un quạrto |

# ATLAS

De ideale route langs het Gardameer

De routes & tochten

**Alle routes en tochten staan ook op de losse kaart achter in het boek**

 Foto: Torbole

# Onderweg aan het Gardameer

Op het achteromslag vind je de bladzijde-
indeling van deze atlas

A
B
C
1
2
3
4
5
6
Monte Frisozzo
2891
Rifugio De Marie
2899
Rifugio Maria e Franco
al Volano
Torrente Tredenus
Monte Re di Castello
Stallone
2359
2889
Cima Agosta
2582
Cima di Valbona
Val di Daone
Pizzo Badile Camuno
2435
2735
Cima Rossola
2678
Monte Bagnone
1534
Passo della Rossola
Lago di Malga Boazzo
2721
Dosso San Giovanni
1985
Monte Corona
2507
4 km
2,5 mi
Piazze
Paghera
Case di Val Paghera
Torrente Palobbia
Parco
Monte Listino
Cima di Boazzolo
2561
Limes
Vermongoi
Dosso dei
2183
2301
Monte Mezzullo
2750
2334
Passo del Termine
2623
Monte del Gelo
Rifugio Gheza
2406
Cima Laione
2759
Monte Ferone
Lago della Vacca
2830
Monte Stabio
2536
2644
Cornone di Blumone
Monte Zincone
2209
Cima Terre Fredde
Rifugio Rosa
Lago Nero
Monte Lavanech
2229
2673
Monte Frerone
Monte Bruffione
2665
Torrente Ribor
Malga Blumone
1504
Malga Tabler
dell'Adamello
2231
Monte Mattoni
2271
Malga Gaver
Cima Maresse
2101
1422
Monte Trabucco
Monte Colombine
2155
Monte
Mandre Vaimane
2155
Passo di Bruffione
2147
Cingolo Rosso
2181
2173
Monte Tanarone
Campolaro
Bazena
Passo di Croce Domini
1892
2084
Monte Brealone
2268
Val Aperta
Rio Giulis
Castel Condino
Monte Gera
Monte Misa
2177
Lago di Bruffione
Grotta Rossa
2192
Brione
345
San Gallo
2054
Monte Mignolo
2112
Valle Dorizzo
Costone Dolo
2211
Valle del Caffaro
XI-V
Pont Rimal
1869
Madonna del Rosario
Giogo della Bala
2131
Monte Bagoligolo
Monte Telegrafo
2175
Dosso del Croce
1436
Fasemo
Monte
1667
2162
237
Giogo della Bala
Monte Matto
2200
Ca Rossa
Storo
388
Goletto delle Crocette
Monte Tonolo
1533
Monte Carena
1807
Darzo
Dasdana
1320
Monte Maniva
Rifugio Bonardi
1864
Panegalet
1314
Bagolino
(701)
Riccomassimo
Lodrone
Ponte Caffaro
Cima Spessa
1820
1662
Giogo d. Maniva
Fiume Caffaro
2065
Bondegno
Dosso Alto
San Colombano
Ossario di Monte Suello
Baitoni
Bondone
Bestei
1760
Becca di Caplo
Corna Blacca
2006
Passo della Spina
1521
Sant' Antonio
Monte Calva
1194
Monte Cingla
1669
Maga
(971
Cima Meghe
1801
Vaiale
368
Vesta
Cima di Fona
1542
Presegno
T. Abbioccolo
27
Persone
Armo
Corna Zeno
1619
Rocca d'Anfo
Monte Stino
1466
Valvestino
Turano
Pertica Bassa
Anfo
Lago d'Idro
Eridio
Bisenzio
Monte Paghera
1125
Capovalle
Vantone
Zumié
Moerna
Forno d'Ono
Dosso Sassello
Vico
Vié
Ono Degno
Cima di Pario
908
Bollone
Monte Zovo
1141
Lavenone
1001
Crone
Monte Manos
1517
Levrange
T. Degnone
Idro
Lemprato
Monte Carzen
1508
1043
Pieve Vecchia
Albergo Locando
Lago di Valvestino
Pasello
Belprato
Monte Proace
1009
1112
Rifugio Cavacco
Monte Fassane
1188
Sanatorio
Rifugio Falck
Promo
Trebbio
Vico
Vestone
(318)
Treviso
140
1395
Valle di Vesta
Monte Zingla
1497
Nozza
Monte Colmo
Monte Castello
Bresciano
Eno
Monte Alberelli

D
E
F
Ponte Arnó
Pozze Busé
1369
Tione di Trento
Bolbeno
Passo Durone
Comighello
Cima Sera
1908
Rango
Bleggio
Bleggio Superiore
Santa Croce
Bono
Poia
Campo Lomaso
Vigo Lomaso
Rifugio Limes
Lavetto
Torrente Arnò
Breguzzo
Monte Pizza
1878
Cavrasto
Dasindo
Fiavè
Stumiaga
Favrio
1
237
Bondo
Monte Solvia
1981
Cima di Valle Carnera
2022
Monte Altissimo
2127
Roncone
Ris. Nat. Lomasona
Val di Lomasone
Monte Maima
1705
Stablel
Fontanedo
23
Cogorna
1866
421
1532
San Giovanni
Gaverdina
2047
Lardaro
2052
Dosso della Torta
2156
Ballino
Corno dei Giù
La Roda
2169
Monte Misone
1803
Monte Biaina
1413
2
Agrone
Strada
08.2016
Tofino
2153
Rifugio Faggio
Corno di Pichea
2138
Por
Monte Cadria
2254
Lago di Tenno
Rifugio San Pietro
Pieve di Bono
Valle dei Concei
Palò
Ville del Monte
Padaro
Cologna
1927
Monte Nozzolo
Rifugio Pernici
Rifugio Grassi
Calvola
Santa Croce
Vigne
Chiarano
Tenno
Monte Vies
1698
Lenzumo
la Rocca
1473
Dosso di Seaoi
1799
Pranzo
Varignano
Cologna
Frapporta
Cascata del Varone
Gavazzo
Cima Palone
1635
Monte dei Pini
1457
Lenzumo
Concei
Enguiso
Cima Pari
1991
Campi
Varone
3
45 bis
San Giorgio
(78)
San Nazzaro
Albola
Tiarno di Sotto
Bezzecca
Locca
Riva del Garda
(78)
Sant' Alessandro
3
Pieve di Ledro
240
33
Tiarno di Sopra
Cima d' Oro
1801
Rifugio Santa Barbara
Monte Brione
376
Val di Ledro
Lago di Ledro
Mezzolago
Molina di Ledro
Brione
Val d' Ampola
Laghetto d' Ampola
Cima Caset
1748
Pur
Museo Palafitticolo
San Giovanni
Nago-Torbole
(85)
Rifugio Ampola
Santa Croce
Ledro Land Art
Legos
Pre di Ledro
Biacesa di Ledro
Cascata del Ponale
1670
Col Pasovri
Cima al Bal
1263
Dosso
978
Rifugio Garibaldi
Monte Tremalzo
1523
Pregasina
Porte Ampola
Dragone del Sole
1554
Monte Lavino
1837
Monte Carone
1621
Monte Guil
1975
1384
Rifugio Garda
Monte Nota
1322
10,5
4
Negritella
Rifugio Tremalzo
XI-V
Monte Traversole
1445
Cima d. Mughera
1163
Cima del Selape
1533
Gardesana Occidentale
Limone sul Garda
del Fratone
1794
T. Campione
Parco
Monte Altissimo
Rifugio Chiesa
Monte Zenone
1425
Ris. Nat. Valle di Bondo
Ris. Nat. Gardesana Orientale
976
Caplone
San Michele
Valle di San Michele
Tremosine
Navene
Vesio
Villa
249
Cime del Costone
1738
Monte Puria
1475
Voltino
Bocca di Navene
Campagnola
Gardesana Orientale
5
Cima
Monte Casarole
1141
Priezzo
Sermerio
Becca
Cadria
Regionale
Pieve
la Colma
Tratto Spino
Arias
13
1720
Cima di Mughera
1343
1131
Passo d'Erè
Pregasio
45 bis
Malcesine
(90)
Baldo Val di Monte
Prabione
Isola dell' Olivo
Monti
2
Dosso Piemp
1207
Campione del Garda
Val di Sogno
Madonna di Monte Castello
Isola Sogno
40
Tignale
Cima delle Pozzette
2128
XI-V
Madonna della Neve
Penni
073
Gardola
Acr
Ris. Nat. Lastoni Selva Pezzi
Oldesio
Forbisicle
Cassone
Mignone
Isola Trimelone
Assenza
Cima Valdritta
2218
Alto Garda
Piovere
49
Sommavilla
6
1459
Monte Denervo
Borago
Punta Manara
1500
Monte Baldo
1002
Briano
1670
Monte Maggiore
Rifugio Novezzina
Eremo S. Valentino
Muslone
Porto di Brenzone
Castello di Brenzone
Cima Paloni
1582
Lago di Garda (Benaco)
2199
45 bis
Sasso
137
142

A
B
C
1
2
3
4
5
6
4 km
2.5 mi
Tione di Trento
Zuclo
Saone
Bolbeno
Passo Durone
Cima Sera
1908
Monte San Martino
1449
Comighello
Rango
Bleggio Inferiore
Bleggio Superiore
Bleggio
Santa Croce
Bono
Cavrasto
Fiavè
Dasindo
Stumiaga
Favrio
Poia
Campo Lomaso
Vigo Lomaso
Lundo
Terme di Comano
Ponte Arche
Loma
Cengledino
2137
Zeller
1369
Pozze Buse
Rifugio Limes
Torrente Arno
Breguzzo
Monte Pizza
1878
237
Bondo
Monte Solvia
1981
Cima di Valle Camera
2022
Monte Altissimo
2127
Monte Maima
1705
Ris. Nat. Lomasona
San Martino
Brento
1545
1532
Cogorna
1866
421
San Giovanni
Val di Lomasone
Lardaro
Gaverdina
2047
Dosso della Torta
2156
2052
Corno dei Giù
Ballino
Dro
(123)
La Roda
2169
Monte Misone
1803
1413
Monte Biaina
Tofino
2153
Rifugio Faggio
Corno di Pichea
2138
Cenìga
Lago di Tenno
Rifugio San Pietro
Padaro
Monte Cadria
2254
8.2016
di Bono
1927
Monte Nozzolo
Palò
Valle dei Concei
Rifugio Pernici
Rifugio Grassi
Ville del Monte
Calvola
Santa Croce
Tenno
Vigne
Chiarano
10
la Rocca
1473
Dosso di Seaoi
1799
Pranzo
Frapporta
Cascata del Varone
Varignano
Cologna
Gavazzo
23
Caneve
Vignole
Monte Vies
1698
Lenzumo
Monte dei Pini
1457
Concei
Enguiso
Cima Pari
1991
Campi
45 bis
Varone
240 dir.
Tiarno di Sotto
Bezzecca
Locca
Pieve di Ledro
240
Riva del Garda
San Nazzaro
Albola
San Giorgio
(78)
Sant' Alessandro
33
Tiarno di Sopra
Val di Ledro
Lago di Ledro
Cima d' Oro
1801
(78)
Rifugio Santa Barbara
Monte Brione
376
Brione
Marmitte dei Giganti
Mezzolago
Molina di Ledro
Nago-Torbole
(85)
Castello Penede
Laghetto d' Ampola
Cima Caset
1748
San Giovanni
Museo Palafitticolo
Legos
Pre di Ledro
Biacesa di Ledro
Cascata del Ponale
Ledro Land Art
1670
Col Pasovri
Rifugio Garibaldi
Cima al Bal
1263
Dosso Casina
978
Dos Remi
1223
Pregasina
Monte Tremalzo
1523
1975
1384
Rifugio Garda
Monte Nota
Monte Carone
1621
Monte Guil
1322
Rifugio Tremalzo
Monte Traversole
1445
Cima d' Mughera
1163
Gardesana Orientale
Monte Varagno
1777
XI-V
Negritella
1837
Cima del Selapo
1533
Gardesana Occidentale
Limone sul Garda
Lago di Garda (Benaco)
Monte Altissimo di Nago
Rifugio Chiesa
2078
Parco
T. Campione
Valle di San Michele
Monte Zenone
1425
Ris. Nat. Valle di Bondo
Ris. Nat. Gardesana Orientale
1650
Navene
Corna Piana
San Michele
Tremosine
Vesio
Villa
Costone
Reg.
249
Bocca di Navene
1735
Monte Puria
1475
Monte Casarole
1141
Voltino
Campagnola
San Valentino
(1314)
dell' Alto
Sermerio
Priezzo
Pieve
Becca
la Colma
Lago Pra da Stua
Tratto Spino
la Colma
1790
1720
di Mughera
1343
5
13
Arias
45 bis
Malcesine
(90)
Baldo Val di Monte
1518
Monte Dossi
1131
Passo d' Erè
Pregasio
Dosso Piemp
1207
Prabione
Campione del Garda
Isola dell' Olivo
Monti
Ris. Nat. Lastoni-Selva Pezzi
Madonna di Monte Castello
Isola Sogno
Val di Sogno
Garda
Tignale
Gardola
40
Cima delle Pozzette
2128
Madonna della Neve
Monte Baldo
Acr
Oldesio
Forbisicle
Isola Trimelone
Cassone
Assenza
Rifugio Monte Baldo
Madonna
Piovere
Sommavilla
Cima Valdritta
2218
Caval di Novezzina
Monte Denervo
1459
49
Briano
Muslone
142
Porto di Brenzone
Punta Manara
1670
1500
Monte Cerbiolo
Rifugio Novezzina
1559
Monte Maggiore
Cima Paloni

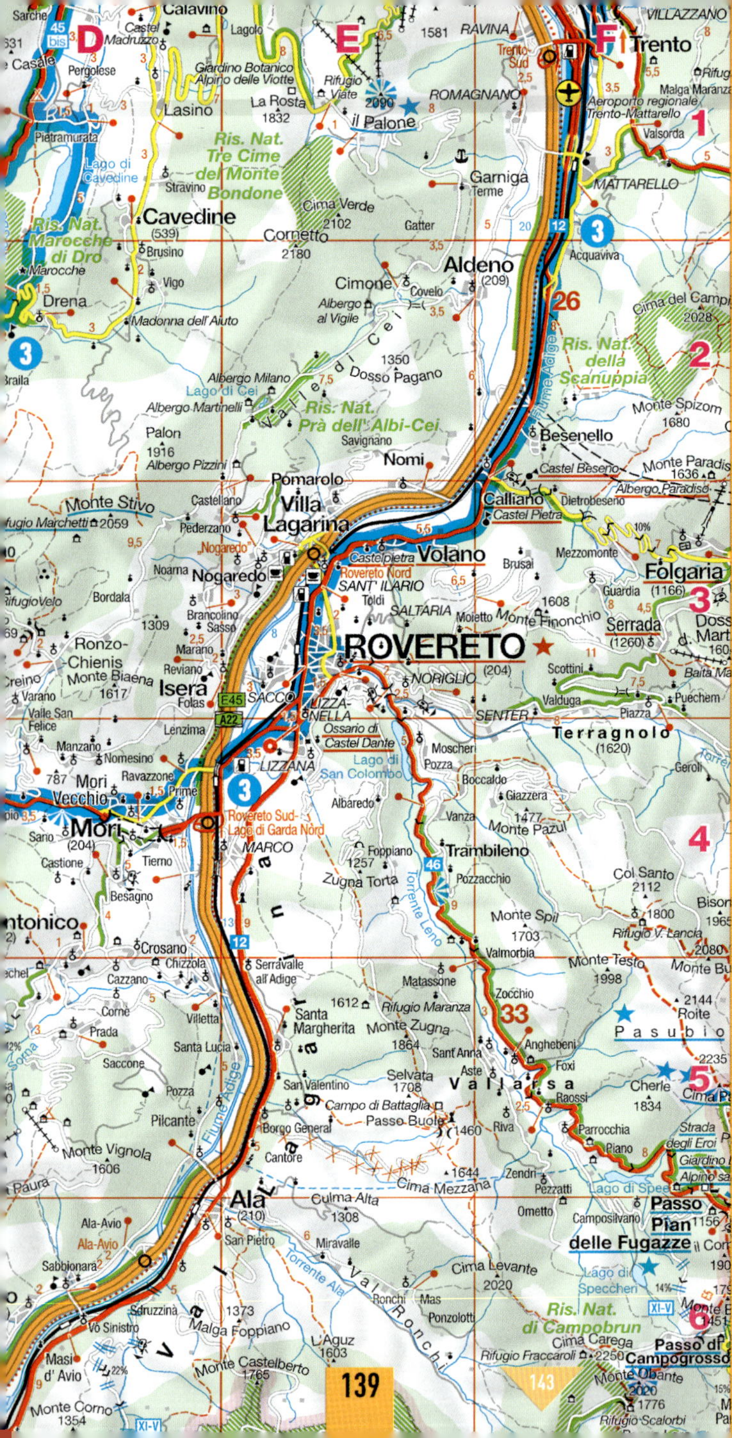
D
E
F
Trento
Sarche
Calavino
Castel Madruzzo
Lagolo
Ravina
Villazzano
Trento-Sud
Pergolese
Giardino Botanico Alpino delle Viotte
Rifugio Viote
Romagnano
Aeroporto regionale Trento-Mattarello
Malga Maranza
Lasino
La Rosta
1832
2090
il Palone
Valsorda
Pietramurata
Ris. Nat. Tre Cime del Monte Bondone
Lago di Cavedine
Stravino
Garniga Terme
Mattarello
Cavedine
(539)
Cima Verde
2102
Gatter
Ris. Nat. Marocche di Dro
Cornetto
2180
Brusino
Acquaviva
Marocche
Vigo
Aldeno
(209)
Cimone
Covelo
Drena
Albergo al Vigile
Madonna dell'Aiuto
Cima del Campi
2028
Ris. Nat. della Scanuppia
Braila
1350
Dosso Pagano
Albergo Milano
Lago di Cei
Val di Cei
Albergo Martinelli
Ris. Nat. Prà dell'Albi-Cei
Monte Spizom
1680
Savignano
Besenello
Palon
1916
Albergo Pizzini
Nomi
Castel Beseno
Monte Paradiso
1636
Albergo Paradiso
Pomarolo
Castellano
Villa Lagarina
Calliano
Dietrobeseno
Castel Pietra
Monte Stivo
Rifugio Marchetti
2059
Pederzano
"Nogaredo"
Castelpietra
Volano
Mezzomonte
Noarna
Nogaredo
Rovereto Nord
Sant'Ilario
Brusal
Folgaria
(1166)
Toldi
Rifugio Velo
Bordala
Brancolino
Sasso
Saltaria
Moietto
Monte Finonchio
1608
Guardia
Serrada
(1260)
1309
Marano
ROVERETO
(204)
Ronzo-Chienis
Reviano
Monte Biaena
1617
Isera
Folas
Sacco
Noriglio
Scottini
Valduga
Baita Ma
Puechem
Varano
Lizzanella
Senter
Piazza
Valle San Felice
Lenzima
Ossario di Castel Dante
Terragnolo
(1620)
Manzano
Nomesino
Moscheri
Pozza
Lizzana
Lago di San Colombo
787
Mori Vecchio
Ravazzone
Prime
Boccaldo
Geroli
Giazzera
Albaredo
Sano
Mori
(204)
Rovereto Sud-Lago di Garda Nord
Vanza
1477
Monte Pazul
Castione
Tierno
Marco
Foppiano
1257
Trambileno
Besagno
Zugna Torta
Pozzacchio
Torrente Leno
Col Santo
2112
Bisor
1965
Antonico
Monte Spil
1703
1800
Rifugio V. Lancia
Crosano
Valmorbia
2080
Chizzola
Serravalle all'Adige
Monte Testo
1998
Monte Bu
Cazzano
Matassone
Zocchio
1612
Rifugio Maranza
2144
Roite
Corne
Villetta
Santa Margherita
Monte Zugna
1864
Pasubio
Prada
Santa Lucia
Sant'Anna
Anghebeni
Saccone
Foxi
Vallarsa
2235
Pozza
San Valentino
Selvata
1708
Aste
Cherle
1834
Campo di Battaglia
Passo Buole
Raossi
Pilcante
Borgo General
1460
Riva
Parrocchia
Strada degli Eroi
Monte Vignola
1606
Cantore
Piano
Giardino Alpino
Paura
1644
Cima Mezzana
Zendri
Pezzatti
Lago di Speccheri
Ala
(210)
Culma Alta
1308
Ometto
Camposilvano
Passo Pian delle Fugazze
1156
Ala-Avio
San Pietro
Miravalle
Torrente Ala
Val Ronchi
Sabbionara
Cima Levante
2020
Lago di Speccheri
Sdruzzinà
1373
Ronchi
Mas
Ponzolotti
Ris. Nat. di Campobrun
Vò Sinistro
Malga Foppiano
Cima Carega
Passo di Campogrosso
Masi d'Avio
L'Aguz
1603
Rifugio Fraccaroli
2250
Monte Castelberto
1765
Monte Obante
2020
1776
Monte Corno
1354
Rifugio Scalorbi
Val Lagarina
Fiume Adige
143

136
A
B
C
Famea
Auro
Olsano
Posico
Brale
Casto
Malpaga
Torrente Nozza
Nozza
(318)
Treviso
Monte Seridondo
1180
Monte Colmo
1003
Monte Castello
1069
Provaglio
Val Sabbia
Cedessano
Arvea
Como di Sonclivo
1351
Alone
Santa Anna
4 km
2.5 mi
Madonna della Neve
Barghe
Mastanico
Punta Galevo
1166
Bione
Pieve
Dosso dei Pini
665
Madonna della Neve
Monte Dossone
1340
Monte Prealba
1270
Preseglie
San Faustino
Piazza
Sotto Castello
Pieve
Fontana
Sonico
Sant'Andrea
Gazzane
Quintilago
Sabbio Chiese
(280)
Sabbio Sopra
Pavone
Piatucco
Lumezzane
(478)
Premiano
Montagnone
Trebbio
Odolo
Renzana
Cereto
Agnosine
San Sebastiano
Sant'Apollonio
Binzago
20
Cagnatico
Clibbio
Monte Palosso
1159
Monte Doppo
1217
Monte Corvino
715
Monte Paradiso
958
Monte Acuto
747
Monte Conche
1157
Santuario di Conche
Rocca di Bernacco
726
Prandaglio
Vallio Terme
Oriolo
Sopranico
840
Selva Piana
Caino
Sant'Eusebio
Caschino
Quarena
Berniga
Villa
Concesio
Monte Pesso
911
31
Monte Ucia
1168
Vallio Terme
Porle
Fostaga
Soprapone
Villanuova sul Clisi
(211)
Artignago
Bovezzo
Monteclana
Monte Olivo
934
(203)
Dosso
Cortine
Nave
(236)
Ris. Nat. Altopiano delle Cariadeghe
Casinette
Gavardo
(199)
San Biagio
237
CONICCHIO
1109
Villa
FONTANE
Muratello
Mte.Dragoncello
Castello
(657)
Limone
MOMPIANO
Monte Salena
Ronco
Ris. Naturale Buco del Frate
Magrena
San Gallo
862
Serle
(496)
Muscoline
BRESCIA
Monte Fratte
698
Paitone
Morsone
Berana
Castrezzone
Monte Maddalena
874
Mattina
Nuvolento
(176)
17
Terzago
Trinità
Prevalle
(186)
Duomo
Monte Cavallo
438
Sorzana
Calvagese della Riviera
Pinacoteca
Tosio
Sera
Botticino
(171)
Nuvolera
(165)
SANT' EUFEMIA DELLA FONTE
Martinengo
CAIONVICO
Cantrina
Mocasina
VOLTA
Rezzato
(144)
Monte Marguzzo
455
Mazzano
SAN POLO
Brescia Centro
45 bis
(166)
Masciaga
Macesina
Cogozzo
4
9
Virle
Piazza
CASE
20
Treponti
Bedizzole
(190)
San Tomaso
Molinetto
BUFFALORA
Tezze
Pontenove
Lazzaretto
Monteroseo
Piffione
BETTOLE
11
4
Campagnola
Ciliverghe
"San Giacomo"
San Vito
Sedena
Bettola
Borgosatollo
(111)
Ponte San Marco
6
Brescia Est
10
11
Brescia Sud
Capodimonte
Castenedolo
Macina
(152)
236
Calcinatello
Santa Giustina
5
Campagna
Calcinato
(164)
Montirone
(100)
Rodenga
i Prati
Fossa
Campagnolo
Aeroporto regionale di Brescia-Montichiari
Vighizzolo
343
8
236
Chiarini
Fattoria Prandoni
Ro di Sopra
Montichiari
(96)
Ghedi
(84)
Villaggio Belvedere
Ro di Sotto
668
6
Castiglione delle Stiviere
(116)
Scovola
19
Campagna
5
Sera
Novagli
San Rocco
Fiume Chiese
Mattina
140

D
E
F
137
1
2
3
4
5
6
Lago di Garda
Toscolano-Maderno
Hortus Botanicus Benacensis
Gardone Riviera
Giardino Botanico Heller Garden
Villa il Vittoriale
Salò
Barbarano
Porto Portese
San Felice del Benaco
Isola del Garda
Isola San Biagio
Punta Belvedere
Manerba d. G.
R. d. Manerba
Moniga del Garda
Desenzano del Garda
Sirmione
Punta di Sirmione
Grotte di Catullo
Cast. Scaligero
Peschiera del Garda
Lazise
Bardolino
Garda
Torri del Benaco
San Vigilio
Eremitaggio
Scoglio della Stella
Bocca di Garda
Gardesana Orientale
Gardesana Occidentale
Parco Regionale dell' Alto Garda Bresciano
Gargnano
Bogliaco
Villavetro
San Faustino
Monte Pizzocolo
Monte Spino
Monte Castello
Rifugio Giorgio Pirli
Cisano
Madonna della Pergolana
Canevaworld
Gardaland
Parco Acquatico Le Ninfee
Rovizza
San Martino della Battaglia
Ossario
Campo di Battaglia
Pozzolengo
Monzambano
Abbazia di San Vigilio
Madonna della Scoperta
Castellaro
Ponti sul Mincio
Salionze
Cavalcaselle
Pacengo
Colombare
Rivoltella
Santa Maria di Lugana
San Benedetto
Lido di Lonato
Fabbrica
Punta del Vo
Maguzzano
Santa Maria Maggiore
San Pietro in Mavino
Lonato
Polpenazze
Solarolo
Porto Dusano
Gardoncino
Montinelle
Raffa
Pieve Vecchia
Picedo
Balbiana
Castello
Mura
Portese
San Fermo
Cisano
Volciano
Gazzane
San Bartolomeo
Morgnaga
Fasano del Garda
Serniga
Tresnico
Maclino
San Michele
Colomber
Selva Alta
Collio
Sanico
Valle d. Cartiere
Gaino
Cecina
Mornaga
Fornico
Contrada
Monte Pirello
Monte Campuccio
Rango
Cecino
San Martino
Monte Zingla
Eno
Monte Alberelli
Formaga
Navazzo
Liano
Sasso
Zuino
Villa
San Zeno di Montagna
Crero
Pai
Villanova
Albisano
Pizzone
Castion Veronese
San Verolo
Marciaga
Acque Fredde
Monte Luppia
Cimitero Militare Tedesco
Rocca
Eremo
Ronchi
Broglie
Madonna del Frassino
Dolci
i Carpani
San Zeno
le Tassere
Centenaro
San Pietro
Monte Alto
Parco Acquatico
Parco la Quiete
Castel Venzago
Vaccarolo
Monte Serino
Astore
Barche di Castiglione
Monte Belvedere
Fontane
Grole
Pozzolo
Desenzano
Peschiera
Sirmione
Fiume Mincio
141

137
142
A
B
C
1
2
3
4
5
6
4 km
2,5 mi
Lago di Garda
Parco Regionale dell' Alto Garda Bresciano
Monte Zingla 1497
Eno
Monte Spino 1486
Rifugio Giorgio Pirli
Monte Pizzocolo 1582
Monte Castello 866
T. Toscolano
Campuccio
1084
1132
Monte Pirello
Contrada
T. Barbarano
S. Valentino
Musione
Sasso
918
750
Formaga
Liano
Navazzo
Gargnano
San Faustino
Villa
Zuino
Bogliaco
Fornico
Mornaga
Villavetro
Cecina
Gaino
Valle di Cartiere
Sanico
Toscolano-Maderno
Hortus Botanicus Benacensis
(86)
(98)
Castelletto di Brenzone
Villanova
Pai
Pora
Ca' Montagna
Crero
San Zeno di Montagna
Gardesana Orientale
Pizzone
Castion Veronese
Albisano
San Verolo
Marciaga
Torri del Benaco
(67)
Acqua Fredde
Monte Luppia 418
Eremitaggio
San Vigilio
Scoglio della Stella
Garda
(67)
Bocca di Garda
Cimitero Militare Tedesco
Eremo di Rocca
Eremo
Pertica
Bardolino
(74)
Cavaion Veronese
(190)
Cisano
Calmasino
Valeggio
Madonna della Pergolana
Lazise
(76)
Canevaworld
Colà
Pacengo
Peschiera del Garda
(68)
Ronchi
Gardaland
Cavalcaselle
Selva Alta
908
Colomber
Monte Lavino 907
Collio
San Michele
Tresnico
Maclino
Serniga
San Bartolomeo
Morgnaga
Villa il Vittoriale
Fasano del Garda
Gardone Riviera
Giardino Botanico Heller Garden
Barbarano
Salò
(75)
Porto Portese
Cisano
Portese
San Fermo
Isola del Garda
San Felice del Benaco
(101)
Raffa
Castello
Pieve Vecchia
Isola San Biagio
Punta Belvedere
(138)
Manerba d. G.
R.d. Manerba 216
Picedo
Balbiana
Montinelle
Solarolo
Porto Dusano
Gardoncino
Gardesana Occidentale
Moniga del Garda
65
San Pietro in Mavino
Punta di Sirmione
Grotte di Catullo
Sirmione
Cast. Scaligero
(68)
Fabbrica
Lido di Lonato
Punta del Vo
Santa Maria Maggiore
Desenzano del Garda
(96)
Rivoltella
Colombare
Santa Maria di Lugana
San Zeno
le Tassere
San Benedetto
Lugana
Parco Acquatico Le Ninfee
Rovizza
Lto. del Frassino
Monte Alto
San Pietro
Centenaro
San Martino della Battaglia
Ossario
Sirmione
Parco la Quiete
Castel Venzago
Campo di Battaglia
Broglie
Madonna del Frassino
Peschiera
Dolci
Ponti sul Mincio
Camalavicina
Aquapark Altomincio
Salionze
Monte Serino 137
Vaccarolo
Abbazia di San Vigilio
Pozzolengo
(135)
i Carpani
Astore
Barche di Castiglione
Madonna della Scoperta
Ballino
(88)
Monzambano
Fiume Mincio
Monte Vento 181
Valeggio sul Mincio
Fontane
Grole
Pozzo Catena
Ossario
Bande
45 bis
249
572
11

D
E
F
139
143
Monte Maggiore
Cima Paloni
Monte Baldo
Rifugio Telegrafo
Coal Santo
Rifugio Cornetto
Rifugio Mondini
Cambrigar
Mezzavilla
Ferrara di Monte Baldo
Castelletti
Belluno Veronese
Brentino-Belluno
Mama
San Leonardo
Borghetto
Ris. Nat. Palù di Borghetto
Passo Fittanze
Monte Cornetto
Parco
Regionale
della
Lessinia
Ossenigo
Corno d'Aquiglio
Coste
Vallene
Peri
Punta di Naole
Fraine di Sopra
Monte Corno
Madonna della Corona
Rivalta
Spiazzi
Brentino
Pradonego
Salzano
Braga
Vilmezzano
Pazzon
Gaon
Porcino
Caprino Veronese
Lubiara
Ceredello
Zuane
Fosse
San Giovanni
Sant' Anna d' Alfaedo
Breonio
Gorgusello
Cona
Molina
Selvavecchia
Ronconi
Erbezzo
Masselli
Stafforl
Fasani
Ceredo
Corso
Lunghezzano
Monte Pastelletto
Monte Masua di Cerna
Vaggimal
Cerna
Monte Tesoro
Giare
Forte Masua
Dolcè
Manune
Canale
Monte Pastello
Verago
Monte Noroni
Fane
Prun
Monte Fiamone
Val Pantena
Bellori
Lugo
Monumento a Napoleone
Ceraino
Monte
Cavalo
Monte Rumala
Rivoli Veronese
San Rocco
Purano
Marano di Valpolicella
Torbe
Mazzano
Coda
Rosaro
Monte
Monte Solane
Mazzurega
Prognol
Vigo
Alcenago
Affi-Lago di Garda Sud
Volargne
San Giorgio
Osan
Villa
Stallavena
Fumane
Monte Tondo
Gargagnago
Valgatara
"Garda"
Rivoli
Sant' Ambrogio di Valpolicella
Negrar
Montecchio
Monte Sarte
Grezzana
Cuzzano
Sega
Ponton
Domegliara
San Pietro in Cariano
San Floriano
San Peretto
San Vito
Santa Maria di Negrar
Valpolicella
Ospedaletto
Pedemonte
Novare
le Sassine
Marzana
Monte Croson
Quinto di Valpantena
Campo di Battaglia
Castelrotto
Negarine
Corrubbio
Arbizzano
Pastrengo
Arce
Pescantina
Settimo
Quinzano Veronese
Avesa
Natura Viva
Bussolengo
San Vito di Mantico
Corno
Parona di Valpolicella
VERONA
Strada del Vino Bardolino
Palazzolo
Porcella
Chievo
San Zeno Maggiore
San Giorgio in Braida
Duomo
Arche Scaligere
Piazza delle Erbe
Garda
Monte Gasa
Croce Bianca
Borgo Milano
Castelvecchio
Arena
Sona
Lugagnano
San Massimo all' Adige
San Giorgio in Salici
Verona Nord
Sommacampagna
Caselle
"Monte Baldo"
Verona Sud
Borgo
Sommacampagna
Calzoni
Aeroporto di Verona-Villafranca
Dossobuono
Caluri
Alpo
Monte Croce
Ganfardine
Ognissanti
Ca' di David
Fiume Adige
Progno di Valpantena
Il Progno

# LEGENDA

| | | |
| --- | --- | --- |
| Snelweg - afslag tolweg - tolstation - afslag met nummer | Trento 11 | Motorway - Toll junction - Toll station - Junction with number - |
| Motel - wegrestaurant - klein wegrestaurant - tankstation - parkeren met of zonder wc | P P | Motel - Restaurant - Snackbar - Filling-station - Parking place with and without WC |
| Snelweg in aanleg en gepland, met datum van verwachte oplevering | Datum Date | Motorway under construction and projected with expected date of opening |
| Autoweg (4 rijstroken) | | Dual carriageway (4 lanes) |
| Autoweg - wegnummers | 14 E45 | Trunk road - Road numbers |
| Belangrijke hoofdweg | | Important main road |
| Hoofdweg - tunnel - brug | | Main road - Tunnel - Bridge |
| Secundaire wegen | | Minor roads |
| Landweg - voetpad | | Track - Footpath |
| Wandelpad (selectie) | | Tourist footpath (selection) |
| Hoofdspoorlijn | | Main line railway |
| Tandradbaan, kabelspoor | | Rack-railway, funicular |
| Kabelbaan - stoeltjeslift | | Aerial cableway - Chair-lift |
| Autoveer - personenveer | | Car ferry - Passenger ferry |
| Scheepvaartroute | | Shipping route |
| Natuurgebied - verboden terrein | | Nature reserve - Prohibited area |
| Nationaal park - natuurpark - bos | | National park - natural park - Forest |
| Verboden voor motorvoertuigen | | Road closed to motor vehicles |
| Tolweg | | Toll road |
| 's Winters gesloten weg | XII-III | Road closed in winter |
| Verboden of niet aan te raden voor caravans | | Road closed or not recommended for caravans |
| Toeristische route - pas | Weinstraße 1510 | Tourist route - Pass |
| Mooi uitzicht - panorama - route met natuurschoon | | Scenic view - Panoramic view - Route with beautiful scenery |
| Kuurbad - zwembad | | Spa - Swimming pool |
| Jeugdherberg - camping | | Youth hostel - Camping site |
| Golfbaan - springschans | | Golf-course - Ski jump |
| Kerk - kapel | | Church - Chapel |
| Klooster - kloosterruïne | | Monastery - Monastery ruin |
| Synagoge - moskee | | Synagogue - Mosque |
| Kasteel - kasteelruïne | | Palace, castle - Ruin |
| Toren - radio-, televisietoren | | Tower - Radio-, TV-tower |
| Vuurtoren - elektriciteitscentrale | | Lighthouse - Power station |
| Waterval - sluis | | Waterfall - Lock |
| Bouwwerk - marktplaats | | Important building - Market place, area |
| Opgravingsterrein - mijn | | Arch. excavation, ruins - Mine |
| Dolmen - menhir - nuraghen | | Dolmen - Menhir - Nuraghe |
| Hunebed, grafheuvel - militair kerkhof | | Cairn - Military cemetery |
| Hotel, pension, berghut - grot | | Hotel, inn, refuge - Cave |
| **Cultuur** | | **Culture** |
| Pittoreske plaats - hoogte | WIEN (171) | Picturesque town - Elevation |
| Een reis waard | ★★ MILANO | Worth a journey |
| Een omweg waard | ★ TEMPLIN | Worth a detour |
| Bezienswaardig | Andermatt | Worth seeing |
| **Landschap** | | **Landscape** |
| Een reis waard | ★★ Las Cañadas | Worth a journey |
| Een omweg waard | ★ Texel | Worth a detour |
| Bezienswaardig | Dikti | Worth seeing |
| **De ideale route** | | **MARCO POLO Discovery Tour 1** |
| **Routes & tochten** | | **MARCO POLO Discovery Tours** |
| **MARCO POLO highlight** | ★ 1 | **MARCO POLO Highlight** |

# REGISTER

**In dit register vind je de belangrijke plaatsen, sights, musea en begrippen. Vetgedrukte nummers verwijzen naar de belangrijkste vindplaats.**


Affi 31
Albisano 68, **69**
Arco 18, 19, 24, 31, 38, 43, **48**, 103, 114, 117, 124
Avio 30
Bagnolo di Serniga 94
Baia Bianca 93
Baia delle Sirene 60
Barbarano 93
Bardolino 14, 16, 23, 31, 50, **51**, 98, 116, 120, 121, 124, 128
Bezzecca 44
Bogliaco **87**, 88, 115
Borghetto di Valeggio sul Mincio **63**, 111
Brasakloof 107, 123
Brenzone **39**, 122, 128
Busatte 46
Bussolengo 54, 64
Ca' Bottura 56
Calmasino di Bardolino 53
Campo 39
Canale di Tenno 44
Canevaworld **118**, 129
Cascata del Varone **44**, 129
Cassone 16, **39**, 40, 128
Castelletto di Brenzone 40, 120, 128
Castello di Brenzone 40
Cavaion Veronese 119
Cima delle Pozzette 102
Cima Rest 89
Cisano 30, 52, 53, 55
Coccaglio 30
Colà di Lazise 63, 64, 98
Cologna di Tenno 43
Colombare 78, 79
Costermano 58, 59
Custoza 18
Desenzano 15, 18, 19, 31, **70**, 79, 99, 112, 124, 127
Dro 103, 121
Eremo San Giorgio **59**
Eremo Santi Benigno e Caro 40
Fasano 84
Fasse sul Lago 36
Franciacorta Outlet Village 91
Funivia Monte Baldo **40**, 100, 113, 129, 148
Garda 14, 23, 50, 54, **56**, 98, 114, 118, 120, 129
Gardaland 54, **118**, 119, 129
Gardesana Occidentale **22**, 87
Gardesana Orientale 22, 50
Gardone Riviera 14, 80, **81**, 99, 120, 123, 129
Gargnano 14, 17, 21, 29, 30, 80, **87**, 99, 115, 121
Grotta Tanella 69
Idromeer 89
Isola del Garda 95
Isola San Biagio 93
Jungle Adventure Park 119
kabelbaan Monte Baldo **40**, 100, 113, 129, 148
Lago d'Idro 89
Lago di Ledro 22, **44**, 117
Lago di Tenno **44**, 114
Lago di Toblino 104
Lago di Valvestino 89
Lazise 16, 18, 50, 54, **61**, 98, 115, 118, 129, 148
Ledromeer 22, **44**, 117
Liano 88
Lido delle Bionde 77, **78**, 129
Lido di Lonato 74
Lido di Padenghe 74
Lido di Ronchi 116
Limone sul Garda 24, 30, **32**, 100, 107, 120, 126, 129
Lonato 74
Loncrino 69
Lugana di Sirmione 78
Maderno 67, **85**, 129
Madonna della Coronakerk 59
Madonna di Montecastello **90**, 109
Malcesine 16, 32, **36**, 38, 98, 100, 113, 115, 120, 121, 128, 129
Manerba 19, 93, **95**, 114, 129
Marciaga 58
Marmitte dei Giganti 49
Marniga 40
Marocche di Dro **49**, 103, 123
Mezzariva 55
Molina di Ledro 44, 117
Moniga del Garda 18, 93
Monte Altissimo 41
Monte Baldo 16, 21, 23, 24, 27, 32, 39, **40**, 59, **100**, 113, 114, 120, 127, 148
Monte Brione 49, 114
Monte Castello 109
Montecroce 74
Monte Luppia 59
Montinelle 95
Monzambano 111
Morgnaga di Gardone Riviera 84
Nago **49**, 124
Navene 38
Novezzina 60
Orto Botanico di Monte Baldo 59
Osservatorio Astronomico di Cima Rest 89
Pacengo 116
Padenghe 75
Pai di Sopra 69
Parco Alto Garda Bresciano 24, 109, 114, **119**
Parco Fontanella 88
Parco Giardino Sigurtà **64**, 119
Parco Natura Viva **119**, 129
Parco Termale del Garda 64
Peschiera del Garda 30, **64**, 98, 110, 124, 129, 148
Picedo di Polpenazze 18
Pietramurata 103, 114
Pieve (Tremosine) **90**, 108
Pieve di Ledro 22, 44
Pieve Vecchia 89
Placche Zebrate 103
Polzone 90, 109
Porto Dusano 95
Porto Portese 95
Porto San Felice 93
Pozzolengo 21
Prabione 109, 119
Prada 114
Puegnago 114
Punta Cornicello 54, 116
Punta San Vigilio 60
Riovalli 119
Riva del Garda 18, 21, 23, 30, 31, 32, 38, **41**, 97, 100, 112, 113, 114, 115, 116, 117, 120, 121, 124, 125, 126, 129
Rodengo Saiano 91
Roè Volciano 94
Rovereto 31, **105**, 121, 124, 129
Salò 16, 29, 30, 80, **91**, 99, 112
San Benedetto di Lugana 65
San Felice del Benaco 74, **95**
San Giovanni Lupatoto 112
San Martino della Battaglia **75**, 120
San Michele 84, **85**
Santa Lucia di Pescantina 115
Santa Maria di Lugana 116
San Zeno di Montagna **60**, 114, 119, 121
Sarcadal 103, 114, 124
Sarche 104
Sentiero della Pace 114
Sentiero del Porto 91
Sentiero del Salt 44
Sirmione 16, 18, 31, 70, **76**, 79, 98, 115, 124, 129
Solferino 75
Spiaggia Cola 129

Spiaggia Comunale di Santa Maria di Lugana 116
Spiaggia dei Pini 128
Spiaggia del Corno 129
Spiaggia del Tifù 36
Spiaggia di Paina 128
Spiaggia Grotte di Catullo 78
Spiaggia La Romantica 93
Spiaggia Porfina 128
Spiaggia Rimbalzello 84
Spiaggia Sabbioni **43**, 116, 128
Spiazzi 59
Strada della Forra 91, **107**
Strada del Vino 29, **56**
Tempesta 46
Tenno 44
Tennomeer **44**, 114
Tignale 24, 119
Toblinomeer 104
Torbole 31, 32, **45**, 97, 103, 107, 112, 114, 115, 118, 124
Torri del Benaco 50, **67**, 112, 129
Toscolano-Maderno 67, **85**, 99, 114, 126
Tremosine 23, **90**, 108, 112
Trento 16, 29, **105**, 121, 124
Valeggio sul Mincio 63, **111**, 119, 120
Valle delle Cartiere **85**, 99
Valtenesi 74, 93, 126
Valvestinomeer 89
Verona 14, 15, 16, **65**, 121, 124, 129
Villa 87, 88

## LAAT VAN JE HOREN!

Maak je iets geweldigs mee tijdens je vakantie of wil je iets kwijt, laat het ons weten! Complimentjes, kritiek of een heel persoonlijke tip – de MARCO POLO redactie kijkt uit naar al je info. Wij doen er alles aan om de informatie in deze gids zo actueel mogelijk te houden. Toch kunnen er soms foutjes insluipen – ondanks de grondige research van onze auteurs. Je hebt er vast begrip voor dat de uitgever hiervoor geen verantwoordelijkheid kan dragen.

62 Damrak/MAIRDUMONT
Postbus 2
1230 AA Loosdrecht
marcopolo@62damrak.nl

**FOTOGRAFIE**
Omslagfoto: het noordelijke Gardameer (Getty Images: A. Talán)
Foto's: DuMont Bildarchiv: Bernhart (voorflap l., 120/121, 122 b.), Mosler (55, 123); © fotolia.com: rcaucino (18 b.); Getty Images: E. Marongiu (19 o.), A. Talán (1), F. Vallenari (22/23); Getty Images/bijdrage: F. Bienewald (31); huber-images: U. Bernhart (25), F. Cogoli (76), Friedel (116/117), Gräfenhain (34, 77, 134/135), Huber (4 b., 64, 86), H.-P. Huber (12/13), J. Huber (45), H. Klaes (63), K. Kreder (96/97), S. Raccanello (5, 29); Laif: F. Blickle (11), Bungert (voorflap r.), Celentano (28 r.), M. Galli (17, 75); T. Gerber (37, 98), Gollhardt/Wieland (89), G. Heidorn (48), Kreuels (120), B. Steinhilber (80/81, 106/107), C. Zahn (92), H.D. Zinn (6); Laif/Le Figaro Magazine: Sander (30/31); Look: I. Pompe (8, 19 b., 40), A. Strauß (7), H. Wohner (60/61); mauritius images/imagebroker (109), S. Lubenow (39), A. Reinert (85), Siepmann (102); mauritius images/Tetra Images/Tetra Images (18 o.); mauritius images: U. Bernhart (70/71, 94), R. Kaessmann (32/33), B. Kickner (4 o., 112/113), P. Lehner (2/3, 47), M. Pinn (78); mauritius images/Alamy (9, 72, 110, 121), MARKA (52, 82); mauritius images/CuboImages (118); mauritius images/foodcollection (26/27); mauritius images/STOCK4B-RF (18 m.); mauritius images/Travel Collection: T. Langlotz (20/21, 42, 66, 90, 108); O. Stadler (58, 68, 122 o.); T. Stankiewicz (14/15, 30, 50/51, 57, 115); vario images/imagebroker (10); vario images/Westend61 (28 l.)

**1ste druk 2018**
Distributie Nederlandse editie: 62 Damrak/MAIRDUMONT, Postbus 2, 1230 AA Loosdrecht
E-mail: info@62damrak.nl

Hoofdredacteur: Marion Zorn; auteur: Barbara Schaefer; co-auteur: Saskia Engelhardt; redactie: Nikolai Michaelis; eindredactie: Lucas Forst-Gill, Susanne Heimburger, Johanna Jiranek, Nikolai Michaelis, Kristin Wittemann; beeldredactie: Gabriele Forst, Stefanie Wiese; Laatste trends: Saskia Engelhardt, wunder media, München;
Cartografie atlas en losse kaart: © MAIRDUMONT, Ostfildern
Vormgeving omslag, blz. 1, omslag losse kaart: Karl Anders – Büro für Visual Stories, Hamburg; vormgeving binnenwerk: milchhof:atelier, Berlijn; vormgeving Routes & tochten: Susan Chaaban Dipl.-Des. (FH)
Taalgidsje: in samenwerking met Ernst Klett Sprachen GmbH, Stuttgart, Redaktion PONS Wörterbücher
Productiebegeleiding: Cambium BV, Lochem
Boekverzorging: *de Redactie,* Amsterdam
Vertaling: Hester Colijn
Bewerking: Gerard M.L. Harmans

ISBN 978-38297-5809-3
NUR 512

Printed in China

FSC www.fsc.org MIX Papier aus verantwortungsvollen Quellen FSC® C124385

# OPGEPAST!

Bij sommige dingen aan het Gardameer moet je speciaal opletten

## PAK NIET VOOR ELK WISSEWASJE DE AUTO

Een uitstapje naar Limone sul Garda, een middagje naar Malcesine, naar Sirmione om te zwemmen – en steeds haal je de auto van zijn meestal gratis en veilige parkeerplaats bij het hotel. Pak bijvoorbeeld eens de boot. Je staat niet in de file en hoeft niet steeds weer een dure parkeerplaats te zoeken.

## NEEM 'S ZOMERS NIET DE MONTE BALDOKABELBAAN

Dit is vooral af te raden in augustus, op een willekeurige zonnige dag, feestdagen of in extra lange weekends. Als je niet met de eerste gondel omhooggaat, moet je rekenen op extreem lange wachttijden. En als je eindelijk boven bent, moet je voor de terugtocht wéér aanschuiven.

## VAAR NIET BLIND OP DE WEERSVOORSPELLING

Laat je niet ontmoedigen door slechtweersprofeten. Vanwege de nabijgelegen gletsjers en de Povlakte laat het weer zich slecht precies voorspellen – en vaak is het veel beter dan aangekondigd.

## TE CASUAL KLEDING

Terwijl toeristen in shorts, T-shirt en op slippers door de stad paraderen, draagt de modebewuste Italiaanse ook op moeilijk begaanbaar terrein (kinderkopjes!) schoenen met hoge hakken. Zover hoef je niet te gaan, maar in zwembroek of bikini op een terras gaan zitten kan echt niet.

## BESTEL NIET ALTIJD IN HET DUITS OF ENGELS

Tuurlijk, bijna elke kelner aan het Gardameer begrijpt de bestelling 'one beer'. Maar wat zou je ervan vinden om een mondje Italiaans te leren en de ober aan te spreken met een beleefd *Scusi* (Pardon) of *Una birra, per favore?*

## RIJD NIET VAN LAZISE NAAR PESCHIERA OP ZATERDAG

De weg tussen Lazise en Peschiera voert langs de grootste pretparken en als de massa's hier naar buiten stromen, zijn alle wegen hopeloos verstopt. Ook als je zelf een dergelijk park wilt bezoeken, kun je beter niet in het weekend gaan. Het is dan overal dringen geblazen, vooral in augustus.

## VERMIJD DE PERIODE ROND FERRAGOSTO

Als je het op een of andere manier kunt vermijden, ga dan niet rond 15 augustus naar het Gardameer. Heel Italië heeft dan vakantie en het verkeer staat dan nagenoeg stil. En op de strandjes is het al evenzeer dringen.

## KOOP GEEN NEPARTIKELEN

Pas op voor nagemaakte merkkleding en merktassen. Op de handel en ook op de aankoop van nepmerkartikelen staan hoge boetes, net zo goed voor buitenlandse toeristen.